Petits
MENSONGES HISTORIQUES

*22 enquêtes exaltantes sur des mots historiques
célèbres et cependant jamais prononcés*

Chez le même éditeur

Collection « Au Temps Jadis »

Fêtes populaires d'autrefois : les réjouissances de nos joyeux aïeux, *2013*
Histoire pittoresque des métiers (tome 1), *2013*
200 jeux de notre enfance en plein air et à la maison, *2014*
La publicité d'antan s'affiche (tome 1) : la réclame d'autrefois à travers les affiches publicitaires, *2014*
La publicité d'antan s'affiche (tome 2) : la réclame d'autrefois à travers les affiches publicitaires, *2014*
Histoire de France : l'indispensable pour devenir incollable, *2015*
Grandes légendes de France (tome 1) : 10 récits merveilleux de nos aïeux, *2015*
Cris des marchands ambulants du vieux Paris : le monde pittoresque des petits métiers de la rue, *2016*
Si la France m'était contée… (volume 1) : voyage encyclopédique au cœur de la France d'autrefois. *Nouvelle édition, recomposée et enrichie, des numéros 1 et 2 (parus en 2002) du périodique* La France pittoresque, *2015*
Si la France m'était contée… (volume 2) : voyage encyclopédique au cœur de la France d'autrefois. *Nouvelle édition, recomposée et enrichie, des numéros 3 et 4 du périodique* La France pittoresque, *2015*
L'encyclopédie du temps jadis : collection des 40 numéros parus entre 2003 et 2014 de la publication *La France pittoresque*

Collection « Figures de France »

Si Jeanne d'Arc m'était contée… : savoir l'essentiel sur la Pucelle, *2015*
Si Louis XI m'était conté…, *à paraître*

Collection « Questions Historiques »

La Bastille : prisonnière séculaire des mensonges révolutionnaires, *2015*
Vade-mecum de la féodalité : mémento pour tous démêlant le vrai du faux, *2015*
Vade-mecum du règne de Louis XIV : dialogue autour de l' « absolutisme », *2015*

Collection « Nos Villes et Villages Pittoresques »

Une saison d'été à Biarritz : Biarritz autrefois, Biarritz aujourd'hui, *2014*

Collection « L'Histoire Illustrée »

La légende de l'origine du paon, *2015*
Petite légende de Bergerette, *2016*

Petits
MENSONGES
HISTORIQUES

*22 enquêtes exaltantes sur des mots historiques
célèbres et cependant jamais prononcés*

La France pittoresque

LA FRANCE PITTORESQUE

COLLECTION « Questions Historiques »
Dirigée par Valéry Vigan

© *La France pittoresque*, 2012
ISBN 978-2-3672200-0-0

Site Internet : www.france-pittoresque.com
Mail : info@france-pittoresque.com

« Ce n'est pas le mensonge qui passe par l'esprit, qui fait le mal, c'est celui qui y entre et qui s'y fixe. »

(Francis Bacon (1561-1626) in *Essais du chevalier Bacon, chancelier d'Angleterre, sur divers sujets de politique et de morale*. Traduction française parue en 1742 de ses *Essais de morale et de politique*, 1597)

Préface

Emile Faguet, qui avait tout lu et tout retenu, donnait spirituellement ce conseil : « Voulez-vous renouveler une citation, faites-la exacte. » Henri Gaubert, plus radical, déclare hardiment qu'il est un sûr moyen de renouveler un « mot historique » un peu usagé, c'est de montrer qu'il n'a jamais été prononcé. Et il le prouve avec une audace tranquille en un livre alerte, méthodique, souriant. On ne peut apporter en même temps plus de bon sens, de bonne foi et de bonne humeur.

Sa méthode est directe, rapide comme une offensive bien menée. Un mot va de bouche en bouche. Gaubert le saisit au passage. Et l'interrogatoire commence : de qui tenez-vous cette histoire ? Il remonte de témoin en témoin, en se rapprochant par bonds de l'auteur responsable. En suivant cette chaîne, naturellement il surprend sur le fait les déformations qui ont donné au mot initial une signification inattendue, si bien que la formule dans son voyage à travers le temps épuise toutes ses possibilités de faux sens, de contresens et de non-sens. Mais, chose plus grave, notre enquêteur dans son effort pour atteindre à la source est presque toujours obligé de s'arrêter bien avant de toucher au but ; on apprend que l'apparition d'un « mot historique » est presque toujours fort postérieure à celui qui l'aurait prononcé, et, circonstance aggravante, apparaît généralement chez un auteur connu pour la légèreté de ses propos, voire un spécialiste de l'anecdote, ce qui est la pire des cautions. Mais notre critique, qui est la conscience même, n'arrête pas son enquête quand il est bloqué dans une impasse. Il va trouver sans façon l'illustre personnage que l'on a fait parler et, par tous les moyens d'une érudition aussi riche qu'ingénieuse, il parvient à savoir ce que pensait, faisait, disait ou écrivait l'homme du « mot historique », et il se trouve qu'il pensait, faisait, disait ou écrivait tout le contraire des sentiments que lui prête ce mot. La démonstration est généralement péremptoire.

Il serait vain de nier le plaisir avec lequel notre critique démolit les traditions qui lui ont paru fondées sur l'erreur ou le mensonge. Il y apporte un entrain qui nous dit que sa besogne ne l'ennuie pas, et cet entrain est communicatif. Le livre nous semble avoir été écrit par amusement, car il est prodigieusement amusant. Mais cette vivacité ne doit pas nous dissimuler tout ce qu'il y a de patience, de minutie, de ténacité dans les innombrables démarches, lectures, recherches diverses que suppose chacune de ces brèves dissertations. Elles vont au but d'une allure entraînante, irrésistible, parce que Gaubert s'est procuré la clé, qu'il suit le chemin sûr dans un labyrinthe qu'il a exploré. Mais certainement, sur d'autres points, n'a-t-il pas eu le bonheur de trouver la solution du problème, et ce sont seulement ses découvertes qu'il nous apporte. Ses lecteurs ne manqueront pas d'attendre les autres séries pour lesquelles les enquêtes n'ont pas abouti à la conquête de la vérité. Il faut noter, en effet, l'admirable bonne foi de notre critique. Il ne craint pas d'avouer son incertitude quand il n'est pas parvenu à prendre le mensonge ou l'erreur en flagrant délit. Sa conviction est faite, fort apparente ; mais il n'a pas la preuve péremptoire ; au lieu de chercher à nous persuader comme l'avocat, comme le juge, il préfère suspendre son jugement.

Sa verve ne tient pas seulement au plaisir de détruire une erreur ; elle tient à la santé de son jeune talent et à la vie qui l'anime. Il compulse les vieux livres comme on consulte un confrère ami ; quand il cite un texte, c'est sur le même ton avec lequel il rapporte une « interview » ; les textes mornes qui déposent tristement au bas des pages se réveillent pour se faire entendre et une obscure querelle d'érudits périmés devient une question d'actualité. Sans doute, quelques savants en us perdent-ils parfois un peu de leur dignité d'être mêlés eux enquêtes de notre jeune critique ; mais par ailleurs ils y gagnent beaucoup par l'intérêt inattendu que l'on trouve à leurs propos. Henri Gaubert d'ailleurs résiste — et combien il a du mérite — à la tentation de la moquerie. Et Dieu sait pourtant si beaucoup de ces anecdotes se prêtent à faire valoir l'esprit du narrateur ! Mais décidément notre auteur a tenu à rester sérieux même quand son sujet semble l'exiger le moins. Il sait bien que si tant de « mots historiques » sont entrés dans l'histoire qui ne sont que des mensonges ou des erreurs, c'est parce que les historiens n'ont pas pu se tenir d'ajouter aux faits le trait personnel qui ferait valoir leur esprit. Ce travers est si humain que nous racontons et entendons tous les jours des anecdotes avec le même plaisir, bien que nous sachions parfaitement qu'elles ne contiennent pas un mot de vrai.

C'est ce que Gaubert pourra répondre aux admirateurs des mots traditionnels. On peut encore les rapporter, mais ce n'est pas la peine d'y croire. A ceux qui regretteraient ces mots spirituels qui éclairent l'histoire, il répondra que raconter une anecdote peut être fort amusant, mais que la réfuter en redouble encore l'attrait, et a le mérite de reporter à la vérité un hommage que l'on rendait à l'erreur, ce qui est, malgré tout, un mérite supplémentaire.

Louis Hourticq,
de l'Institut.

Avertissement au lecteur

Les mots dits « historiques » sont la monnaie de l'histoire. La monnaie a sa valeur. Mais encore faut-il que ses pièces ne soient pas fausses.

Certains commerçants se permettent parfois de les vérifier... Qui pourrait les en blâmer ? Qui s'aviserait de reprocher au jardinier les mauvaises herbes de ses planches fleuries, et à l'historien de débarrasser sa vitrine — la vitrine des belles traditions — des perles fausses qui se sont glissées parmi tant de gemmes précieuses ?

C'est ainsi qu'il va me falloir expulser — avec les formes, les formes de la critique — du domaine de l'histoire authentique, quelques chères légendes dont s'accommodait si complaisamment la créance populaire. Quelques austères censeurs fronceront peut-être le sourcil devant ces tentatives d'élagage. Qu'ils se rassurent. Je ne voudrais leur faire aucune peine, même légère ; et j'ai si peu l'amour de la démolition que je m'attacherai surtout à reconstruire la vérité et la réalité à travers le mensonge ou l'imagination.

J'estime que l'esprit de système est regrettable dans tous les sens, et mes lecteurs trouveront, je crois, avec moi, que notre véritable trésor historique ne sera nullement appauvri — au contraire — s'il m'arrive d'en éliminer quelques pièces indésirables, comme on vit jadis disparaître du Louvre la fameuse tiare de Saïtapharnès.

Je ne prétends point, par ce travail, faire justice à jamais, de façon péremptoire, de certaines petites « histoires » de la grande Histoire. Ce serait bien osé, après les judicieuses études d'un Edouard Fournier, d'un Ch. Barthélemy, d'un Jean Guiraud, d'un Othon Guerlac, et de plusieurs autres savants.

Mais il est peut-être utile d'apporter quelques nouvelles pierres à un édifice encore inachevé, voire de rectifier quelques détails de son architecture. En histoire, la mise au point est presque indéfiniment progressive, et la valeur de certaines preuves sujette à révision..., à plusieurs révisions !

Mes considérants et mes conclusions pourront causer, çà et là, quelque surprise. La surprise n'est pas nécessairement désagréable, quand elle permet de voir les choses en meilleure lumière. Si cette impression d' « heureuse surprise » peut être celle de mes lecteurs, je ne regretterai pas de leur avoir offert ces quelques pages.

Henri Gaubert

Mort de Julien l'Apostat

I
« TU AS VAINCU, GALILÉEN ! »

Une barbe historique

Pour les archéologues, rien de plus facile, paraît-il, que de dater à quelques années près une monnaie de Julien l'Apostat : selon que la barbe du personnage est longue, absente, ou taillée en pointe, les spécialistes, grâce à une sorte de barème[1], vous diront l'époque exacte où fut frappée la pièce. L'empereur romain ne se doutait certainement pas que cette barbe à transformations ferait un jour la joie des numismates.

Pour les littérateurs, le système pileux de Julien présente également un certain intérêt, car le prince croit devoir, dans son *Misopogon*, nous tracer de lui-même un savoureux portrait. Il nous confie qu'il se coupe très rarement les cheveux, et il s'enorgueillit d'une barbe inculte où « courent les poux comme des bêtes dans une forêt ». D'ailleurs, ajoute-t-il, « de ce crin rude, on pourrait aisément fabriquer des cordes ».

Pour les chrétiens du IVe siècle, cette barbe possède une signification plus inquiétante. Elle constitue — si j'ose m'exprimer ainsi — tout un programme. Désireux d'anéantir ce christianisme qu'il vient de renier, l'Apostat s'efforce de rendre vie au paganisme méditerranéen. Depuis longtemps déjà, il s'est mis à l'école des vieux philosophes grecs, en particulier des stoïciens ; et, à l'exemple de ces derniers, il néglige, de parti pris,

---

1. Jusqu'en 355, Julien arbore sur les monnaies une barbe inculte. Elevé en 355 à la dignité de César, il est obligé de se raser à la mode romaine et, jusqu'en 361, il conserve sur les monnaies un visage complètement imberbe. Mais, à partir de 362, il laissera croître à nouveau sa barbe, qu'il portera en pointe jusqu'à sa mort.

les soins à donner à son corps. Ne va-t-il pas jusqu'à se vanter de posséder... des « ongles noirs » ? Sous l'impulsion de l'empereur, on réoccupe les temples des anciens dieux. Combinant les mythes asiatiques et helléniques, Julien organise bientôt une nouvelle Église, dirigée par des pontifes, desservie par un clergé. Quant au culte proprement dit, il est surtout consacré, semble-t-il, au Soleil.

La menace paraissait sérieuse ; car, avec quelque apparence de raison, les chrétiens prêtaient à Julien le projet de détruire entièrement leur religion.

Mais avant de combattre les sectateurs du Nazaréen, qu'il considérait comme les ennemis intérieurs, Julien, aussi bon soldat qu'excellent diplomate, résolut de réduire d'abord l'ennemi extérieur, c'est-à-dire le Perse. L'expédition romaine en Mésopotamie n'était donc que le prélude de la lutte que l'Apostat se proposait d'ouvrir aussitôt après contre les chrétiens.

Aussi, ces derniers considéraient-ils avec une terreur justifiée cette barbe « habitée », cette barbe de philosophe stoïcien et d'empereur.

Le javelot libérateur

Je n'ai pas à décrire ici en détail cette campagne de Mésopotamie, si désastreuse pour les aigles romaines. Je dirai simplement que les Perses, excellents cavaliers, laissèrent l'envahisseur pénétrer à l'intérieur de leur pays, et se bornèrent à suivre à peu de distance les légions, les tenant en haleine par des escarmouches continuelles, refusant toute bataille rangée, brûlant les villes et les villages où l'ennemi aurait pu se procurer quelque provision.

Le 26 juin 363, les Romains marchaient en formation peu serrée, les flancs bien couverts. L'empereur Julien se trouvait à l'avant-garde, et, sans doute en raison de la chaleur accablante, venait de retirer sa cuirasse. Tout à coup, il apprend que son arrière-garde est attaquée : les Perses se sont jetés sur l'ennemi avec leurs terribles éléphants, dont, en ces jours caniculaires, l'odeur fait cabrer et fuir les chevaux des Romains. Sans plus tarder, Julien lance au plus fort du combat son infanterie légère et ordonne à ses archers de viser les éléphants aux jambes. Sous la violence de la riposte, les Perses battent en retraite, mais se reforment sur une éminence toute proche, d'où ils menacent encore les légions. L'Apostat décide alors de livrer une bataille rangée. Prudemment, les conseillers du prince le pressent de revêtir son armure. Mais, à cet instant même, un javelot, lancé par un cavalier perse, effleure le bras droit de Julien, s'enfonce entre ses côtes et se loge dans la partie inférieure du foie. L'empereur porte aussitôt la main sur l'arme, mais se mutile les doigts sur le tranchant effilé de l'acier[1].

Alors, suivant une tradition encore vivace de nos jours, l'Apostat comprit, dans un éclair, qu'aussitôt après sa disparition, c'en était fait de son essai de restauration de la religion païenne dans l'empire romain. D'un

---

1. J'ai suivi ici, dans ses grandes lignes, le compte-rendu de la bataille, telle qu'elle a été minutieusement reconstituée, sur de nouvelles bases, par M. de Broglie, en son étude parue dans *Le Correspondant*, 1859.

geste de colère, Julien, nous rapporte-t-on, arracha le javelot de son flanc ; et, en jetant l'arme au loin, il aurait prononcé ces mots prophétiques qui annonçaient le succès définitif du christianisme dans le monde méditerranéen : « *Vicisti, Galilaee !* » — « Tu as vaincu, Galiléen ! »

Variations sur un même thème

Le mot, reconnaissons-le, sonne bien, et ne manque pas d'allure. Mais, avant de lui accorder droit de cité, ne conviendrait-il pas de l'examiner d'un peu près et d'interroger à son sujet les textes historiques du IVe siècle ? Ouvrons donc quelques-uns de ces vieux *in-folio*, où les contemporains de l'empereur Julien nous content ses derniers moments. Bientôt, nous serons obligés de constater que chaque auteur consulté donne une version différente.

L'un nous dit que l'Apostat, ayant plongé ses mains dans l'horrible blessure ouverte par le javelot, lança avec colère son sang vers le ciel en s'écriant : « Tu as vaincu, Galiléen ! » Un autre nous rapporte que le Christ apparut à ce moment à Julien. Selon un troisième chroniqueur, l'empereur romain prit, avant de mourir, le temps d'outrager une dernière fois le Crucifié en le reniant encore. Selon une quatrième tradition, ce n'est pas le Christ que Julien insulta, mais son dieu, le Soleil, à qui il reprocha de lui avoir été si peu propice.

Par contre, un autre écrivain nous relate l'épisode d'une façon moins romantique. Dès qu'il est blessé, Julien tombe de cheval. On l'emporte sur un bouclier, et on l'installe sous une tente dressée en toute hâte. Là, étendu sur une peau de lion, l'Apostat attend courageusement la mort, et, en vrai stoïcien, s'entretient avec ses amis de la vie future.

Il semble donc bien difficile de rétablir des faits aussi discutés. Et on comprendra aisément que nombre d'historiens, désespérant de trouver jamais la clef de cette énigme, se soient, en fin de compte, rangés à l'avis de saint Grégoire de Nazianze. Ce bouillant prédicateur qui, dans ses homélies, traite l'Apostat avec quelque rudesse, avoue très simplement que tout ce qu'on débite au sujet de la mort de l'empereur est « l'incertitude même »... Dans ces conditions, comment nous serait-il possible, seize siècles après l'événement en question, de nous dire mieux renseignés qu'un évêque chrétien vivant en Orient, contemporain de l'empereur Julien, et assez bien informé des faits et gestes de son adversaire religieux ?

Une enquête assez décevante

Si, en dépit de ces difficultés, nous voulons nous attaquer à cette petite énigme historique, il nous faudra d'abord examiner un à un les textes des chroniqueurs orientaux des IVe et Ve siècles qui ont cru devoir nous décrire avec quelques détails les derniers instants de l'Apostat.

Du côté chrétien, je crois pouvoir distinguer quatre sources d'informations. D'abord, certain poème composé en 363 par saint Ephrem le Syrien. Puis, les ouvrages de deux chroniqueurs renommés : Théodoret et Sozomène. Enfin, la narration d'un auteur anonyme qui se vante d'avoir vécu familièrement dans la compagnie de l'empereur Julien.

Belle documentation, semble-t-il, qui nous permettra sans doute de trouver la solution du problème.

Ephrem est fort catégorique : Julien, au moment de sa mort, aurait proféré la fameuse parole : « Tu as vaincu, Galiléen ! » Comme le poète syrien compose son *Contra Julianum* l'année même de la mort de l'Apostat, ce témoignage paraît, à première vue, pouvoir être retenu.

Je dis « à première vue », car Ephrem a la réputation d'un poète très curieux, d'un musicien savant, d'un théologien redoutable. Mais il est unanimement considéré comme un historien dénué de sens critique. Où a-t-il trouvé ce détail ? A quelle source a-t-il puisé ? Nous ne le saurons jamais exactement — et pour cause. Il se contenta peut-être de traduire lyriquement une fable fantaisiste, une anecdote inconsistante qui, dès 363, courait dans les milieux chrétiens de Syrie. Aussi son affirmation ne saurait-elle servir de base à une étude sérieuse.

Saint Ephrem est un poète. Ne lui demandons pas d'écrire l'histoire.

Serons-nous plus heureux avec Théodoret[1] qui, dans son *Historia ecclesiastica*, nous conte l'agonie de Julien ? Selon cet érudit, parfois assez partial, mais d'ordinaire assez bien informé, l'Apostat se serait rempli les mains du sang jaillissant de sa blessure, et, avant de rendre l'âme, aurait lancé ce sang vers le ciel en s'écriant : « Tu as vaincu, Galiléen ! » Remarquons-le, Théodoret sait fort bien se mettre à couvert et il se garde de nous présenter l'anecdote comme un fait nettement établi. Le récit latin[2] commence par un mot qui traduit l'extrême réserve du compilateur : « *Ferunt* », écrit-il, — c'est-à-dire : « On dit, on rapporte que... » L'auteur se borne donc à répéter une information plus ou moins sûre, et semble décliner toute responsabilité. Théodoret pourrait bien avoir emprunté le trait au poème d'Ephrem, écrit au siècle précédent.

Nous constaterons la même prudence chez l'historien Sozomène, qui prend soin d'intercaler dans son texte[3] le petit mot : « *dicitur* » : « On dit, on raconte que... » Ici encore, l'historien fait part d'une simple tradition dont il se garde de garantir l'authenticité.

Il est vrai que le texte d'un auteur anonyme découvert par Mabillon semble nous donner des précisions intéressantes. Ici, l'épisode ne nous est point rapporté comme un événement hypothétique, mais comme une réalité historique indiscutable. D'après cette version, il faudrait admettre que le Christ apparut à Julien, et que l'Apostat, avant de mourir, aurait lancé des imprécations contre le Galiléen, lui reprochant de le poursuivre

---

1. Théodoret, évêque et écrivain grec, né à Antioche vers la fin du IVe siècle, fut aussi célèbre par son érudition que par sa charité.
2. Liber. III, cap. 20. « Ferunt porro illum vulnere accepto implesse manum sanguinis, et hoc in aerem projecto, dixisse : *Vicisti, Galilaee !* ; simulque victorium confessum esse ; et blasphemiam, adeo vecors erat, evomuisse. »
3. « Nam cum vulneratus esset, haustum vulnere suo cruorem in coelum projecisse dicitur, velut in Christum sibi apparentem oculos conjiciens, eumque suae nocis auctorem incusans. »

de sa colère[1].

Mais quelle confiance accorder à ce témoignage ?

L'auteur anonyme fait étalage de superbes références : à l'en croire, il a vécu à la cour de Julien, à Antioche ; il a même suivi l'empereur dans l'expédition où celui-ci trouva la mort... Malheureusement pour ces belles assurances, les historiens s'accordent aujourd'hui à considérer ce compilateur soit comme un simple mystificateur, soit comme un témoin dépourvu de tout sens critique... et d'intelligence. Le récit où il nous décrit comment les légions romaines furent attaquées par une phalange d'anges déguisés en Perses suffira, je pense, à donner la mesure de ce « conteur oriental », trop épris de merveilleux.

Avouons-le : après l'examen de ces quatre témoignages de premier plan, nous pouvons conclure, en toute simplicité... que nous ne savons rien.

Le vieux soldat devenu historien

Heureusement pour la suite de cette étude, un vieil officier des légions romaines, Ammianus Marcellinus, quittait le service vers l'an 380 de notre ère et se mettait aussitôt à écrire la relation des faits dont il avait été le témoin, au cours de ses campagnes en Gaule et en Asie. D'une plume alerte et prolixe, il sut conter avec tant de bonheur ses souvenirs que les vingt-huit livres qui nous restent de son œuvre[1] sont, aujourd'hui, considérés comme un des meilleurs exposés historiques et géographiques du IVe siècle. Se bornant d'ordinaire à ne relater que ce qu'il a vu de ses yeux, et restant en toute circonstance d'une impartialité remarquable, Ammien Marcellin — j'emploie ici le nom francisé sous lequel on le désigne ordinairement — est pour nous un guide sûr, à qui nous pouvons accorder toute confiance. Les détails ethnographiques qu'il consigne nous paraissent parfaitement observés ; les descriptions à la fois si exactes et si curieuses qu'il nous donne de l'attaque et de la défense des places fortes, par exemple, constituent de petits chefs-d'œuvre de précision documentaire. Disons-le tout net, Ammien Marcellin est un historien de classe.

Or, notre soldat, que Julien honorait de son amitié, accompagnait l'Apostat dans son expédition en Mésopotamie, et se trouvait justement aux côtés de l'empereur lorsque celui-ci fut atteint par le javelot perse. Comme on le devine, Ammien a consacré, dans sa volumineuse chronique, des pages très émouvantes à l'agonie — assez longue — du César. Or, en aucun passage, l'auteur ne nous parle d'une apostrophe que Julien aurait adressée au Galiléen.

Voici, d'ailleurs, le récit : « Une flèche (d'où venait-elle, on ne le sait pas

---

1. Voici le texte original : « Veniens autem subito quasi sagitta terribilis de aere percussit eum in manillam, quumque sanguinis ex omni parte flueret, aspiciens sursum, putavit Dominum Jesum videre, implensque manum suam de sanguine jactavit in aere, dicens : *Usque in finem, Galilaee, persequeris me et ecce superasti me : sed ego etiam te hac hora negabo, licet positus in articulo mortis.* »
2. « Rerum gestarum libri. » Les treize premiers livres sont perdus.

au juste[1]) vint lui effleurer le bras droit, et, lui ayant percé les côtes, elle s'enfonça dans son foie. Il s'efforce de la retirer avec la main, et se coupe les doigts avec le double tranchant de l'arme. On emporte aussitôt le blessé loin de la mêlée, et on le place sous sa tente, où les remèdes de la médecine lui sont administrés[2]. »

Le combat, nous dit Ammien Marcellin, se poursuit avec acharnement jusqu'à la nuit. L'ami et médecin de Julien, Oribase, vient sonder la plaie du blessé : tous les secours de la science s'avèrent inutiles. D'ailleurs, l'agonisant revient bientôt à lui, et, comprenant que sa dernière heure est venue, il fait appeler autour de lui ses amis, et se lance dans des considérations métaphysiques touchant la destinée de l'âme après la mort. Peu après, il dictera son testament militaire. Comme à ce moment-là, autour de la tente, éclatent quelques sanglots : « Silence ! — s'écrie le moribond, — c'est trop de « regrets pour un prince qui va rejoindre le ciel et les astres ! » Nous voyons ensuite l'Apostat s'entretenir avec les philosophes Maximus et Priscus de la dignité et de la nature des diverses sortes d'esprits. Ici, on sent fort bien que Julien, non sans quelque affectation, cherche à copier la mort de Socrate. Jugeant sa fin prochaine, l'empereur lance coup sur coup quelques lieux communs tirés de la morale stoïcienne, visant à être profonds, mais sans y réussir : « La Nature me demande ce qu'elle m'a prêté, je le lui rends avec joie ! » Il ajoute encore : « La philosophie m'a convaincu que l'âme n'était heureuse que lorsqu'elle est affranchie des liens du corps. »

Sa pensée s'embarrasse, son gosier devient brûlant ; on lui apporte de l'eau glacée, et, vidant la coupe, cet empereur de trente-deux ans expire.

Dans cette nouvelle version, on pourrait se demander si Ammien Marcellin n'avait vraiment pas de bonnes raisons pour passer sous silence l'apostrophe de Julien au Galiléen. En ces temps de passions religieuses, quelque raison diplomatique ne commandait-elle pas une adroite... omission ?

Je ne le pense pas. D'ailleurs, nous ignorons si Ammien Marcellin n'appartenait pas à la secte chrétienne. Certes, il ne le laisse entendre dans aucun de ses chapitres ; mais, d'un autre côté, il ne fait nulle part profession de foi païenne. Peut-être faut-il penser qu'il avait adopté quelque système de philosophie tolérante, pour qui la morale importait plus que le dogme. Pour nous, Ammien Marcellin reste un historien précis, loyal, dépouillé de toute passion politique et religieuse, incapable d'arranger la vérité, comme d'adopter des détails plus ou moins suspects. Nous devons donc, je le répète, lui accorder notre confiance.

---

1. Sans doute, Ammien Marcellin affecte-t-il de se demander si cette flèche n'avait pas été tirée par un chrétien de l'armée romaine. Cette thèse est aujourd'hui considérée comme insoutenable.

2. « Et — incertum unde — subita equestris hasta cute brachiae eius praestricta, costis perfossis haesit in ima iecoris fibra. Quam dum avellere dextra manu conatur, acuto utrimque ferro digitorum neruos sensit excisos, et provolutus inmento praesentiumque veloci concursu relatus in castra, medicinae ministeriis fovebatur »

Confrontation de témoins

En résumé, nous avons eu affaire à trois sortes de témoins :
— ceux qui n'affirment rien de positif (Théodoret, Sozomène) ;
— ceux qui se montrent très catégoriques, mais qui n'ont rien vu des événements qu'ils rapportent (Ephrem, l'Anonyme) ;
— enfin, le seul témoin oculaire de l'agonie de Julien, Ammien Marcellin, que l'on s'accorde à considérer comme un chroniqueur consciencieux, intelligent et loyal.

C'est le texte de ce dernier, en définitive, qui est le seul document vraiment décisif.

Notons d'ailleurs, pour terminer, que l'exclamation prêtée à Julien ne s'expliquerait guère chez cet empereur philosophe, qui voulut vivre et mourir comme un Sage de la Grèce antique[1]. L'argument psychologique vient ici confirmer l'argumentation historique. Déclarons-le sans ambage : le « mot historique », si souvent prêté à l'empereur Julien, est faux.

---

1. La lutte que Julien entreprit contre le christianisme ne paraît pas avoir été déterminée par la haine ou la passion. Il désirait l'anéantissement de la religion du Christ, simplement parce que cette dernière était un obstacle à la mise en œuvre de ses convictions philosophiques, à la restauration de la pensée antique.

Le siège de Béziers dans le manuscrit de la *Chanson de la croisade contre les Albigeois*

II

« TUEZ-LES TOUS, DIEU RECONNAÎTRA LES SIENS ! »

Fléchettes académiques

Selon une tradition soigneusement conservée à l'Académie française, l'immortel chargé de recevoir le nouvel élu ne manque pas de décocher à l'impétrant quelques fléchettes élégamment acérées. C'est ainsi que, le 24 janvier 1861, le protestant Guizot admonestait — indirectement — en séance publique, un néophyte revêtu du froc blanc des dominicains, le R. P. Lacordaire. Evoquant le célèbre épisode du sac de Béziers au début du XIIIe siècle, l'académicien huguenot rappelait la cruauté des hommes d'Église, au temps de la guerre des Albigeois : « Il y a six cents ans, monsieur, si mes pareils de ce temps vous avaient rencontré, ils vous auraient assailli avec colère comme un odieux persécuteur ; et les vôtres, ardents à enflammer les vainqueurs contre les hérétiques, se seraient écriés : Frappez, frappez toujours, Dieu saura bien reconnaître les siens. »

Cet exorde littéraire, qui voulait être piquant, manquait plutôt d'àpropos et de délicatesse. Mais que penser du procédé, lorsque nous apprendrons que l'anecdote est, en fait, apocryphe ? Et il est assez invraisemblable que l'historien averti qu'était Guizot n'ait pas su à quoi s'en tenir sur le caractère plus que douteux de ce mot. De fait, dans la collection des textes originaux réunis par Guizot lui-même sous le titre général de *Chroniques relatives à l'Histoire de France*, nous chercherions en vain le trait si brillamment enchâssé par l'académicien dans son singulier discours de bienvenue.

Que le protestant genevois Sismondi se soit plu à taquiner Rome en soulignant le cynisme de la réponse du légat papal qui, au moment de l'assaut de Béziers, aurait froidement ordonné : « Tuez-les tous, Dieu reconnaîtra les siens ! » — que Michelet et Henri Martin aient obéi à leurs tendances anticléricales en adoptant d'enthousiasme la version de Sismondi, rien de surprenant à cela ; mais on s'étonnera quelque peu de voir un Guizot, bien connu pour sa probité morale et scientifique, rééditer la fable grossière du sac de Béziers...

Quoi qu'il en soit de ce petit problème psychologique, interrogeons, de notre côté, l'histoire pure et simple.

Le sac de Béziers

Et tout d'abord, résumons l'épisode.

A l'aurore du XIIIe siècle, une hérésie d'origine orientale se propageait avec succès en Languedoc : les Cathares, plus communément désignés sous le nom d'Albigeois, professaient une doctrine « antisociale », nettement opposée au catholicisme ; et comme la nouvelle religion rejetait l'autorité spirituelle du pape, un conflit avec Rome ne pouvait tarder à éclater.

Tout d'abord, Innocent III se contenta d'envoyer des missions de moines dans le midi de la France, pour tâcher de ramener les hérétiques à la foi romaine par la prédication. Mais après l'assassinat de l'un de ses légats par un gentilhomme du comte de Toulouse, le pape se décida pour la manière forte : à la prédication pacifique allait maintenant succéder la croisade. Sous la conduite des rudes barons d'Ile-de-France et de Picardie, une armée nombreuse dévala vers le Languedoc, qui se trouva bientôt transformé en un vaste champ de bataille. En quelques mois, la belle et poétique civilisation méridionale, avec ses cours d'amour et ses troubadours, sombra dans cette horrible tourmente.

Donc, en 1209, les croisés mettent le siège devant la place forte de Béziers. Dans le camp des envahisseurs, on se prépare à donner l'assaut. Or, la citadelle renferme non seulement des Albigeois, mais aussi quelques bons catholiques, fidèles au pape, certes, mais peu disposés à se laisser dépouiller injustement par les hommes du nord. Les chefs des croisés, connaissant la situation, viennent, avant de donner l'assaut, demander à Arnaud Amalric, légat du pape et abbé de Cîteaux, comment, à son avis, on pourra, au cours du pillage, distinguer les bons catholiques des hérétiques ; et le moine cistercien aurait alors prononcé cette parole effrayante : « Tuez-les tous, Dieu reconnaîtra les siens ! — « *Cœdite eos, novit enim Dominus qui sunt ejus !* »

La cité prise, la population entière est passée au fil de l'épée. Un contemporain de l'événement parle d'un massacre de cent mille personnes. Certains spécialistes de l'histoire du Moyen Age estiment que l'on doit réduire ce chiffre à soixante mille. Quant à Arnaud Amalric, il n'avoue, dans la lettre adressée au pape à l'occasion de la prise de Béziers, que vingt mille victimes : chiffre suffisamment impressionnant.

« Tuez-les tous, Dieu reconnaîtra les siens ! » Ce mot, si connu, et si complaisamment répété, est-il authentique ?

A vrai dire, la phrase célèbre se trouve consignée dans un manuscrit contemporain, rédigé par le moine allemand Césarius. D'autre part, Edouard Fournier[1], attaquant la thèse généralement admise, argue du silence d'un autre annaliste de l'époque, le moine Pierre, de l'abbaye de Vaux-Cernay. Ce religieux, en effet, qui écrivit une *Histoire de la guerre des Albigeois*, assistait en personne au sac de Béziers, et il ne souffle mot de la phrase prêtée à Arnaud. Mais, comme le remarque judicieusement Henri Martin, Pierre était vassal[2] et compagnon de Simon de Montfort, et son silence a pu être simplement diplomatique. De plus, la *Biographie Michaud* nous apprend que l'on connaissait le moine de Vaux-Cernay pour « son zèle ardent contre les Albigeois », ainsi que pour « sa partialité envers Simon de Montfort » ; et la *Biographie Didot* nous signale le même annaliste comme un auteur auquel il est prudent de ne pas trop faire confiance.

Enfin, si l'on tient compte des arguments présentés par un certain groupe d'historiens modernes, l'authenticité de l'anecdote paraît assez probable.

Un témoin qui n'a rien vu

Mais il faut bien avouer que, depuis une centaine d'années, la question paraît avoir été savamment embrouillée par certains hommes de parti. Il est donc prudent, pour qui veut connaître le fin mot de cette petite énigme historique, de fermer respectueusement les livres modernes traitant du sujet, et d'interroger uniquement les ouvrages du XIIIe siècle, écrits par des témoins véridiques du sac de Béziers.

L'épisode qui nous occupe se trouve consigné dans plusieurs manuscrits de l'époque. Nous venons de parler de Pierre de Vaux-Cernay ; mais il n'est pas le seul contemporain qui ait raconté le siège de Béziers. Un inconnu, que les archivistes appellent « l'Anonyme provençal », écrivit également ses souvenirs de croisade. De plus, un certain Guillaume de Puilaurens retraça à son tour les diverses phases du siège et de la prise de Béziers : or, ni l'un ni l'autre ne fait la moindre allusion au mot cruel que l'on attribue à Arnaud Amalric. Comment expliquer, chez trois témoins différents, semblable silence ? Je pense, contrairement au jugement d'Henri Martin, que Pierre de Vaux-Cernay, s'il eût connu cette parole impitoyable, l'aurait plutôt enregistrée avec enthousiasme[3] ; car, de l'aveu même des historiens, notre annaliste « glorifiait sans cesse les actions de Simon de Montfort, et jusqu'aux plus cruelles[4] ». Quant à l'Anonyme provençal et à Guillaume de Puilaurens, ce sont là des « reporters » d'une bonne foi indiscutable, et qui méritent notre confiance.

Outre ces deux documents, il existe neuf autres manuscrits de l'époque, qui relatent maints détails sur la croisade des Albigeois sans nous rapporter le « mot » du légat : ce sont les récits de Guillaume le Breton,

---

1. *L'esprit dans l'Histoire*.
2. L'abbaye de Vaux-Cernay, proche de Paris, était alors située dans le diocèse de Chartres.
3. Si l'on veut éviter toute erreur psychologique en histoire, il ne faut point juger la conduite des hommes d'autrefois d'après nos manières de voir d'aujourd'hui. Des deux côtés, dans le camp albigeois comme dans le camp des croisés, on se livra à des actes de cruauté inouïs.
4. Biographie Didot.

de Guillaume de Nangis, la *Chronique de Simon de Montfort*, la *Chronique de Saint-Denis*, la relation de Mathieu Paris, les chroniques d'Albéric des Trois-Fontaines, de Bernard Itier, de Robert Assolant, et enfin cette *Histoire de la Croisade contre les hérétiques albigeois* où l'auteur anonyme s'élève avec force contre la cruauté des prélats marchant avec l'armée des croisés, mais sans mentionner en aucun endroit la repartie prêtée à Amalric. Voici en somme douze témoignages du plus haut intérêt historique.

Dans ces conditions, nous nous demanderons avec inquiétude quels documents des érudits de la trempe de Guizot, par exemple, peuvent bien invoquer pour la défense de leur thèse. Quel crédit, en effet, peut-on vraiment accorder au texte de Césarius, moine allemand qui jamais n'alla en Languedoc, et qui de son monastère d'Heisterbach, dans le diocèse de Cologne, composa « de chic » le récit de l'expédition contre l'hérésie cathare ?

Voici donc la vérité documentaire : le « mot » de l'abbé cistercien Arnaud Amalric, ignoré des témoins oculaires du sac de Béziers, se trouve consigné dans le manuscrit de Césarius, ce témoin... qui n'a rien vu !

Plutarque a menti

Préposé à la rédaction, ou pour mieux dire au petit truquage quotidien des communiqués de la dernière guerre, certain journaliste put écrire, aussitôt après sa démobilisation, un livre savoureux qu'il intitula, on s'en souvient : *Plutarque a menti*. A mon tour je dirai, avec plus de sérénité peut-être : « Césarius s'est trompé. » Ecrivant son histoire de la croisade albigeoise à deux cents lieues du théâtre des opérations, notre bon moine dut se contenter de recueillir, on ne sait trop comment[1], les épisodes relatifs à la prise de Béziers ; et, sans doute d'une façon très innocente, le vieux chroniqueur se sera fait l'écho de quelque récit tendancieux, probablement d'origine albigeoise. Qu'on en juge.

« Les Croisés — écrit Césarius — arrivent devant une grande cité, qu'on nomme Béziers, et dans laquelle il y avait eu plus de cent mille hommes[2], et ils l'assiégèrent... Des soldats croisés, brûlant pour leur foi, et semblables à des lions, appliquèrent des échelles contre les murs, escaladèrent les remparts avec intrépidité, forcèrent les portes, s'emparèrent de la ville, mettant en fuite les hérétiques frappés de terreur par Dieu.

« En apprenant, de l'aveu même des hérétiques, que des catholi-

---

1. Le récit du moine est émaillé de « dicebatur », « fertur », « on disait que », « on rapporte que... ». A dire vrai, le chroniqueur semble se défier un peu de ses sources.

2. Quoique non méridional, Césarius paraît avoir une certaine propension à exagérer les chiffres. Béziers ne put jamais contenir cent mille hommes. D'après Sabatier (*Histoire de la ville et des évêques de Béziers*, 1854), l'enceinte de la ville n'a guère varié, et la place ne comptait pas plus de 12 à 15000 âmes. De plus, on peut penser qu'une bonne partie de la population dut s'enfuir avant l'investissement de la ville ; et d'après les conclusions de Damairont (*Bulletin de la Société archéologique de Béziers*), on massacra non point vingt mille hommes, comme le rapporte Arnaud Amalric, mais sept à huit mille.

ques se trouvaient dans la place forte, les soldats croisés dirent à l'abbé [Arnaud Amalric] : *Que ferons-nous, Seigneur ? Nous ne pouvons distinguer les bons des méchants.* Alors, *dit-on,* craignant que la peur de la mort n'amenât les hérétiques à se déclarer catholiques pour avoir la vie sauve, quitte à retourner ensuite à leurs pratiques, *l'abbé et les chefs de la croisade* répondirent aux soldats croisés : *Frappez-les, car le Seigneur sait quels sont les siens !* Et c'est ainsi qu'une foule innombrable fut mise à mort dans la ville. »

N'exagérons pas les torts de ce pauvre Césarius, qui dut ajouter foi à quelque hâblerie albigeoise rapportée avec naïveté par un soldat allemand[1]. Rien de plus facile, d'ailleurs, en comparant les textes, que de voir combien le récit de Césarius diffère des autres chroniques contemporaines.

Un mot historique qui n'a pu être prononcé

En effet, d'après les renseignements détaillés fournis par plusieurs témoins oculaires, voici exactement dans quelles circonstances aurait été donné l'assaut de la place forte.

Tandis qu'une troupe albigeoise essayait de faire une sortie, un croisé, imprudemment avancé sur le pont de Béziers, tomba sous les flèches des Cathares. Aussitôt, du côté des croisés, la soldatesque — le texte latin les nomme « ribaldes », les ribauds — s'élance vers les agresseurs. Sous cette violente contre-attaque, les Albigeois reculent précipitamment, suivis par les Croisés qui escaladent les murs, enfoncent les portes, pénètrent dans la cité, égorgent sans pitié la population, et mettent la ville à sac.

Ecoutons de quelle façon les chroniqueurs de l'époque décrivent l'événement. Dans la lettre qu'il adresse au pape Innocent III aussitôt après la prise de Béziers, Arnaud Amalric précise que les principaux chefs militaires délibéraient avec lui sur les moyens de sauver les catholiques enfermés dans la place, lorsque les « ribauds et autres viles personnes[1], sans attendre l'ordre des chefs, firent invasion dans la cité ». — « Ils donnent l'assaut, rapporte de son côté Pierre de Cernay, à l'insu des seigneurs de l'armée, et à l'heure même s'emparent de la ville. » — « Les habitants de Béziers, écrit à son tour Guillaume de Puilaurens, ne purent repousser la première attaque du vulgaire de l'armée. » Guillaume le Breton, Mathieu Paris confirment ce récit ; et l'Anonyme provençal stipule bien que l'initiative de l'attaque revient aux ribauds ; ces derniers doivent seuls porter la responsabilité du massacre, et l'on ne saurait soupçonner les chefs de la croisade de la moindre complicité.

Tous ces témoins, non seulement dignes de foi, mais encore fort documentés sur la question, sont unanimes à assurer qu'il n'y eut point, qu'il ne put y avoir la moindre relation entre le fameux dialogue et l'attaque subite de la place forte, entre les soldats et l'abbé cistercien. Et pour

---

1. Césarius écrivit en 1223 un ouvrage : *Dialogi de miraculis*, qui est une merveille d'invraisemblance et de naïveté. Les érudits allemands et français spécialisés dans l'histoire de cette époque s'accordent à considérer ce brave religieux comme totalement dépourvu d'esprit critique ; il possédait une dose de crédulité vraiment extraordinaire, même pour un Allemand du Moyen Age ! Son histoire de la Croisade ne saurait donc servir de base sérieuse pour la mise au point qui nous préoccupe.

2. *Ribaldi et alii viles et inermae personae.*

admettre la version contraire, il fallait bien ou l'ignorance et la naïveté d'un Césarius, ou — disons-le sans aucun parti pris, mais cependant avec fermeté — la malice teintée d'un dilettantisme un peu sectaire d'un Guizot, en quête sans doute d'un effet littéraire.

III

« HONI[1] SOIT QUI MAL Y PENSE »

Souvenir de bal

Parmi les épisodes populaires de l'histoire de la chevalerie, il n'en est guère, je crois, de plus connu, de plus célèbre que ce charmant chapitre relatif aux origines de l'ordre de la Jarretière. Et lorsque, dans quelque soirée de gala, de l'autre côté de la Manche, on aperçoit un des vingt-cinq chevaliers qui ont droit de porter au-dessous du genou gauche la jarretière de velours bleu sur laquelle se trouve inscrite, en vieux français, la devise « Honi soit qui mal y pense », on ne peut s'empêcher d'évoquer les circonstances romanesques au cours desquelles cet ordre fut institué.

L'événement eut lieu, comme on sait, en l'an de grâce 1344, au château de Windsor, et à l'occasion d'un bal donné à la cour. Tandis que le roi Edouard III dansait avec la comtesse de Salisbury — dame de haut lignage, que l'on s'accordait à considérer comme la maîtresse du roi — une des jarretières de la comtesse se détacha et tomba à terre. Le roi ramassa vivement l'objet ; mais le geste avait été remarqué par quelques courtisans, et déjà l'on chuchotait assez malicieusement dans l'assistance.

Le monarque prit un parti... héroïque ; au lieu de chercher à dissimuler la jarretière, il la brandit comme un trophée, en s'écriant : « Honni soit qui mal y pense ! Tel qui s'en rit aujourd'hui s'honorera de la porter... » C'est ainsi qu'Edouard III institua l'ordre de la Jarretière.

Cette anecdote si alerte n'a qu'un petit défaut : celui d'être apocryphe.

---

1. Orthographe du XIVe siècle, très correctement conservée par les héraldistes anglais. C'est à tort que, la plupart du temps, en France, on écrit : « Honny soit... etc. »

La légende et ses auteurs

Il faut, je crois, considérer plus prosaïquement la fondation de l'ordre de la Jarretière par Edouard III comme un acte de politique fort habile. Avant de livrer à la France un nouvel assaut, le roi d'Angleterre avait à s'attacher plus étroitement encore ses amis, et à susciter si possible de nouveaux dévouements. L'heure semblait donc assez opportune pour créer une sorte de « fraternité » militaire, destinée à resserrer les liens féodaux entre la noblesse et le roi.

Les héraldistes d'outre-Manche ont savamment discuté sur la date à laquelle Edouard III créa cet ordre de chevalerie. Bien que leur accord parfait ne se soit pas encore réalisé sur ce point, il paraît assez probable que l'on doive placer en janvier 1344 cette institution[1].

Or, le premier texte qui fera allusion, d'une façon fort imprécise d'ailleurs, à l'origine quelque peu galante de l'ordre de la Jarretière apparaîtra... cent vingt ans après la cérémonie du château de Windsor. Ce témoignage un peu tardif, nous le trouvons sous la plume d'un moine clunisien, Mondonus Belvaleti, qui en 1463, sous le règne d'Edouard IV, composa un ouvrage consacré à l'histoire de l'ordre, et intitulé : « *Tractatus ordinis serenissimi domini regis Anglici vulgariter dicti la Gerretière.* » Notre bénédictin déclare simplement que, de l'avis de certains, il y eut à l'origine de l'ordre de la Jarretière une « histoire de femme[2] ». Mais il ne daigne pas accompagner sa déclaration de la moindre référence.

Un siècle après, un écrivain du nom de Polydore Virgile[3] imaginera une version plus complète, et, partant, plus attrayante : c'est celle de la légende que j'ai rapportée, l'histoire du bal, et le reste... sauf le nom de la dame à la fameuse jarretière.

L'anecdote prit donc corps deux cents ans après l'institution.

Au siècle suivant, quelques historiens vont se faire un devoir de corser l'aventure, encore trop quelconque à leur gré. Après Speed, Camden, Baker, on affirmera, sans l'ombre d'une preuve, que la dame n'est autre que la comtesse de Salisbury, maîtresse d'Edouard III.

---

1. Trois preuves militent en faveur de cette date. En effet, en janvier 1344, pour commémorer la dix-huitième année de son règne, Edouard III prépare à Windsor de grandes fêtes ; il invite même des seigneurs étrangers, à qui il promet aide et sauf-conduit, à l'aller comme au retour. — D'autre part, Froissart rapporte qu'en janvier 1344, tandis qu'on mettait la dernière main aux préparatifs des fêtes qui précédèrent l'institution de l'ordre de la Jarretière, le roi Edouard reçut la nouvelle de la décapitation du sire de Clisson. Or, c'est bien à la fin de l'année 1343 que le roi de France fit mettre à mort son prisonnier, les *Chroniques de France* et les *Chroniques de Flandres* confirment la date (29 novembre 1343). Enfin, dans la *Scala chronica*, écrite sous le règne d'Edouard III, on trouve, placée entre la relation du siège d'Algésiras (1er novembre 1343) et l'expédition du comte de Derby en Gascogne (6 juin 1344), cette note précieuse : « *Kind Edwarde made a great fest at Windesore at Christmes, wher he reniewed the Round Table and the name of Arture, and ordenid the Order of the Garter, making sainct Georges the patrone thereof.* »

2. « Et sunt plerique nonnulli autumantes hunc ordinem exordius sumpsisse a sexu muliebri. »

3. Historien italien, né à Urbin en 1470. Délégué par le pape Alexandre VI en Angleterre, il se fixa définitivement à Londres, où il fut en faveur auprès de Henri VII, puis de Henri VIII. Vers 1510, l'évêque de Winchester, Richard Fox, put décider Polydore Virgile à écrire l'histoire de l'Angleterre, et lui fit ouvrir à cet effet tous les dépôts publics. Ces *Anglicae Historiae libri* 26 parurent en 1534. — Ant. Thysius, qui réédita l'ouvrage à Leyde en 1649 et en 1651, porte ce jugement aussi sévère que juste sur l'œuvre de Polydore Virgile : « J'accorderai aux historiens anglais que cette histoire est superficielle, et remplie d'erreurs. »

Au XVIIIe siècle, Solden[1], considéré pourtant comme un érudit prudent, adoptera à son tour la fable forgée par ses prédécesseurs. Que dis-je ? Il aggrave singulièrement l'erreur, en identifiant, un peu trop à la légère, cette fameuse comtesse de Kent et de Salisbury avec Jeanne Plantagenet. La bévue est de taille.

Grâce aux inventions successives de Polydore Virgile et de l'équipe Speed, Camden, Baker et Solden, l'ordre de la Jarretière se voit ainsi doté d'un pedigree de classe[2].

Désormais, l'anecdote est bien entérinée ; il ne lui manque plus rien pour séduire l'imagination populaire. Mise en circulation dès le XVe siècle, la légende court encore...

Comment se forme une légende

Doit-on considérer que, dans le cas qui nous occupe, il y eut truquage consciemment préparé et exécuté par les historiens des XVIe et XVIIe siècles, en vue de tromper le public ? Je ne le pense pas. Je crois même qu'on peut expliquer assez facilement comment de maladroits compilateurs sont arrivés à forger peu à peu la légende : il n'est que de relire deux épisodes des *Chroniques* de Froissart, et nous comprendrons aussitôt de quelle façon a pu naître cette fable.

En effet, Froissart nous conte, *en des chapitres différents*, d'abord comment Edouard III conçut un amour des plus violents pour la comtesse de Salisbury ; ensuite, de quelle manière le roi d'Angleterre institua au château de Windsor l'ordre de la Jarretière. Il convient, si l'on veut savoir comment put prendre naissance ce mensonge historique, de résumer les deux épisodes rapportés par Froissart, épisodes parfaitement indépendants l'un de l'autre.

Nous sommes en l'an 1342. Le château de Salisbury, dont les possesseurs ont partie liée avec le roi d'Angleterre, arrête l'invasion des Ecossais, qui menacent le pays de Galles. La forteresse se trouve défendue par la comtesse de Salisbury, « qui on tenoit — nous rapporte Froissart — pour la plus belle dame et pour le plus noble de Engleterre. » Ne nous étonnons pas de voir la comtesse à la tête des troupes : son époux, le comte de Salisbury, vient de tomber récemment aux mains des Français « en la marce de Pikardie, par devant Lille en Flandres », et il a été mis aussitôt, par les soins de Philippe de Valois, « en prison dedans Chastelet à Paris ».

Les Ecossais assiègent donc la place de Salisbury. Or, celle-ci ne tarde pas à se trouver en mauvaise posture, et la comtesse dépêche vers Edouard III le gouverneur de la forteresse. Le messager parvient à franchir heureusement les lignes écossaises, et, sans tarder, alerte le roi. Comme les troupes anglaises se trouvent cantonnées dans la région, à Berwick, Edouard se dirige en toute hâte vers le château. Avertis de cette arrivée,

---

1. Dans son ouvrage : *Les titres d'honneur*.
2. Les rares historiens français qui parlent de l'ordre de la Jarretière se rapportent d'ordinaire à certain article, d'ailleurs assez superficiel, paru dans la *Revue de Paris*, le 10 octobre 1841, et qui donne le compte rendu du livre du savant héraldiste anglais, M. Beltz : *Memorials of the most noble Order of the Garter*, London, 1841. Cet ouvrage, bien documenté, m'a fourni de précieuses références.

les Ecossais, peu désireux d'affronter la bataille en des conditions désavantageuses, lèvent précipitamment le siège et reprennent le chemin de leur pays.

L'armée anglaise s'arrête donc au pied de la forteresse de Salisbury. Edouard III dépose son armure et, en compagnie de douze chevaliers, monte au château pour saluer la comtesse. Cette dernière ordonne d'ouvrir toutes grandes les portes pour recevoir son suzerain, et, s'inclinant gracieusement devant le roi, lui rend grâces du secours qu'il apporte.

C'est alors que le roi aurait reçu ce que nous appelons aujourd'hui « le coup de foudre ». « — Si le ferit tantost une étincelle de fine amour ens el coer — nous rapporte Froissart en son langage savoureux — qui li dura par lonch temps. » Quelques instants après, en effet, nous voyons le monarque déclarer sa flamme... Mais d'une façon très ferme, la dame sut rappeler le souverain aux convenances : un véritable preux ne doit pas chercher à déshonorer un de ses chevaliers. Le roi, qui ne s'attendait pas à pareille repartie, en resta, paraît-il, tout pantois. Il tenta pourtant, le lendemain même, un nouvel assaut, mais sans plus de succès. Cette fois, Edouard se le tint pour dit. Ainsi se termina, avant même de commencer, l'aventure amoureuse que devaient, aux XVIe et XVIIe siècles, romancer à l'envi de pseudo-historiens.

Dans un autre livre de ses *Chroniques*, Froissart nous apprend comment, en janvier 1344, c'est-à-dire deux ans après l'entrevue du roi et de la comtesse, Edouard III créa l'ordre de la Jarretière, en son « grant chastiel de Wyndesore ». L'écrivain nous fournit des détails abondants sur les fêtes splendides organisées à cette occasion, et nous donne quelques renseignements sur l'investiture des quarante « chevaliers dou Bleu Gartier ». Par contre, il ne dit mot de la galante origine de l'ordre ; bien mieux, il ne prononce même pas le nom de la comtesse de Salisbury.

Comme on sait, Froissart est un grand amateur d'anecdotes, plus friand de pittoresque que de vérité contrôlée. On ne saurait admettre que notre conteur ait pu négliger, s'il l'avait connu, un trait aussi charmant que l'histoire de la jarretière perdue. Le silence de l'écrivain nous permet donc de conclure que l'aristocratie du XIVe siècle ignorait, et pour cause, le galant épisode.

Ces deux chapitres des *Chroniques* de Froissart (la romantique version de l'amour d'Edouard III pour la comtesse de Salisbury, la création de l'ordre de la Jarretière) reposaient bien tranquillement, depuis déjà deux siècles, à bonne distance l'un de l'autre, lorsque de subtils compilateurs s'avisèrent de les fondre en un seul récit auquel on ajouta de nouveaux détails : et c'est ainsi que prit naissance ce conte attrayant, accepté encore de nos jours d'une façon presque unanime.

On pourra sans doute se demander comment les historiens des XVIe et XVIIe siècles arrivèrent à forger cette fable. Je me permettrai de proposer, sous toutes réserves, l'explication suivante. Nous savons, par quelques chroniques, que le comte de Salisbury, libéré à cette époque des prisons du roi de France, mourut des suites d'une blessure reçue dans un des tournois donnés à Windsor en janvier 1344, et à l'occasion des fêtes qui précédèrent de peu la création de l'ordre. En dépouillant les vieilles archives, les historiens des siècles suivants ne purent qu'être frappés par la présence, dans la résidence royale, du mari de cette même comtesse qui, deux ans auparavant, avait inspiré à Edouard III un amour si vif. Or, il est naturel de supposer qu'en la circonstance la comtesse de Salisbury accompagnait son mari : il y avait là, avec la présence d'Edouard III, un beau roman à imaginer, en faisant, de l'ancienne « passion » du roi, sa maîtresse, ainsi que l'héroïne de l'ordre de la Jarretière.

Quoi qu'il en soit, la « combinaison » posthume des deux chapitres, bien distincts, de Froissart, est sans la moindre valeur historique.

Une histoire invraisemblable

D'ailleurs, l'anecdote si bien conservée par la tradition n'est-elle pas tout simplement invraisemblable ? Deux raisons nous inclinent à le penser.

Ainsi que le fait tout d'abord remarquer l'héraldiste Ashmole, l'âge fort avancé de la comtesse ne permet pas d'ajouter foi à l'épisode amoureux complaisamment situé au château de Salisbury. Froissart est, on le sait, un excellent « journaliste », en quête de l'effet, et assez dédaigneux de la précision. Que de fois ne lui arrive-t-il pas de se tromper de noms, de confondre les dates ! Ici l'erreur semble bien manifeste.

De plus, même en admettant qu'en 1344 la comtesse fût encore d'une éclatante beauté, une grave objection subsiste. Nous avons rappelé que, au cours des fêtes données par Edouard III à Windsor, le comte de Salisbury mourut accidentellement, quelques jours à peine avant la consécration de l'ordre de la Jarretière. Conçoit-on que, dans la semaine qui suivit le deuil, le souverain ait pu danser publiquement avec la veuve de son vassal ? Même si la comtesse était — supposons-le un instant — la maîtresse du roi, imagine-t-on ce dernier bafouant ainsi la mémoire d'un de ses plus fidèles vassaux ? L'esprit « courtois » du XIVe siècle ne nous permet pas d'admettre semblable racontar, en contradiction absolue avec les sentiments chevaleresques de l'époque.

En résumé, l'épisode du bal de Windsor est assez inadmissible.

Explications diverses et contradictoires

Les héraldistes n'auront pas à se désoler de voir cette jolie anecdote reléguée parmi les fables de l'histoire : car les chroniqueurs leur proposent un certain nombre d'explications fort intéressantes — bien que fort diverses et même contradictoires — sur les origines de l'ordre de la Jarretière.

Dans la préface du *Liber Niger*, composée sous Henri VIII, on nous rapporte que le roi d'Angleterre Richard Ier, au moment où il assiégeait Chypre et Acre, chercha à ranimer le courage de ses troupes en créant une distinction honorifique ; il imagina alors de faire attacher à la jambe de ses meilleurs soldats une espèce de courroie de cuir, en guise de jarretière[1] ; et désormais, tout guerrier accomplissant un exploit remarquable recevait aussitôt ce témoignage de la satisfaction royale.

Cette version fut d'ailleurs rappelée en 1527 dans une lettre officielle, lorsque John Taylor envoya, au nom de Henri VIII, les insignes de l'ordre de la Jarretière au roi de France François Ier.

Mais Camden, au XVIIe siècle, propose une explication fort différente. Selon cet auteur, Edouard III, suivant en cela la tradition paternelle, avait pour habitude de donner, sur le champ de bataille, le signal du combat en élevant sa jarretière au bout de sa lance ; et en souvenir d'un succès guerrier — nous ignorons au juste lequel — le souverain aurait adopté la jarretière comme symbole de l'ordre de la chevalerie qu'il fonda en 1344. Dans son *Histoire générale de l'Angleterre*, Duchesne précise que l'engagement dont parle Camden est la bataille de Crécy ; mais l'auteur n'apporte pas la moindre preuve à l'appui de ses allégations.

Certains écrivains modernes — Beltz en particulier — inclinent plutôt à croire que la Jarretière fut adoptée par Edouard III comme un symbole de l'étroite *union* des chevaliers de l'ordre, pour signifier leur *attachement* inébranlable à la couronne d'Angleterre. L'explication est adroite, mais n'est qu'une hypothèse. Et lorsqu'il s'agira de justifier la devise inscrite sur le ruban bleu : « Honi soit qui mal y pense », l'exégèse de Beltz devient assez embarrassée : par ces mots, Edouard III, nous assure l'héraldiste, lancerait l'anathème sur les jaloux qui penseraient du mal de l'ordre et de ses chevaliers... Assurément, Beltz ne manque pas d'imagination...

De ces versions, laquelle adopter ?

Ce que nous savons et ce que nous ne savons pas

Nous savons de façon presque certaine que l'ordre de la Jarretière fut institué en janvier 1344 au château de Windsor, par le roi Edouard III.

Nous savons également — je crois l'avoir prouvé suffisamment — que l'anecdote de la jarretière perdue au bal par la comtesse de Salisbury doit être considérée comme une invention postérieure de deux siècles à la création de l'ordre du même nom.

Mais en ce qui concerne soit le symbolisme exact de la Jarretière, soit les raisons sentimentales ou guerrières qui ont poussé tel roi d'Angleterre à mettre à l'honneur ce petit détail d'habillement, je pense que le mieux est de nous en tenir, jusqu'à plus ample informé, à un modeste point d'interrogation.

---

1. ... « a leather thong, or garter ».

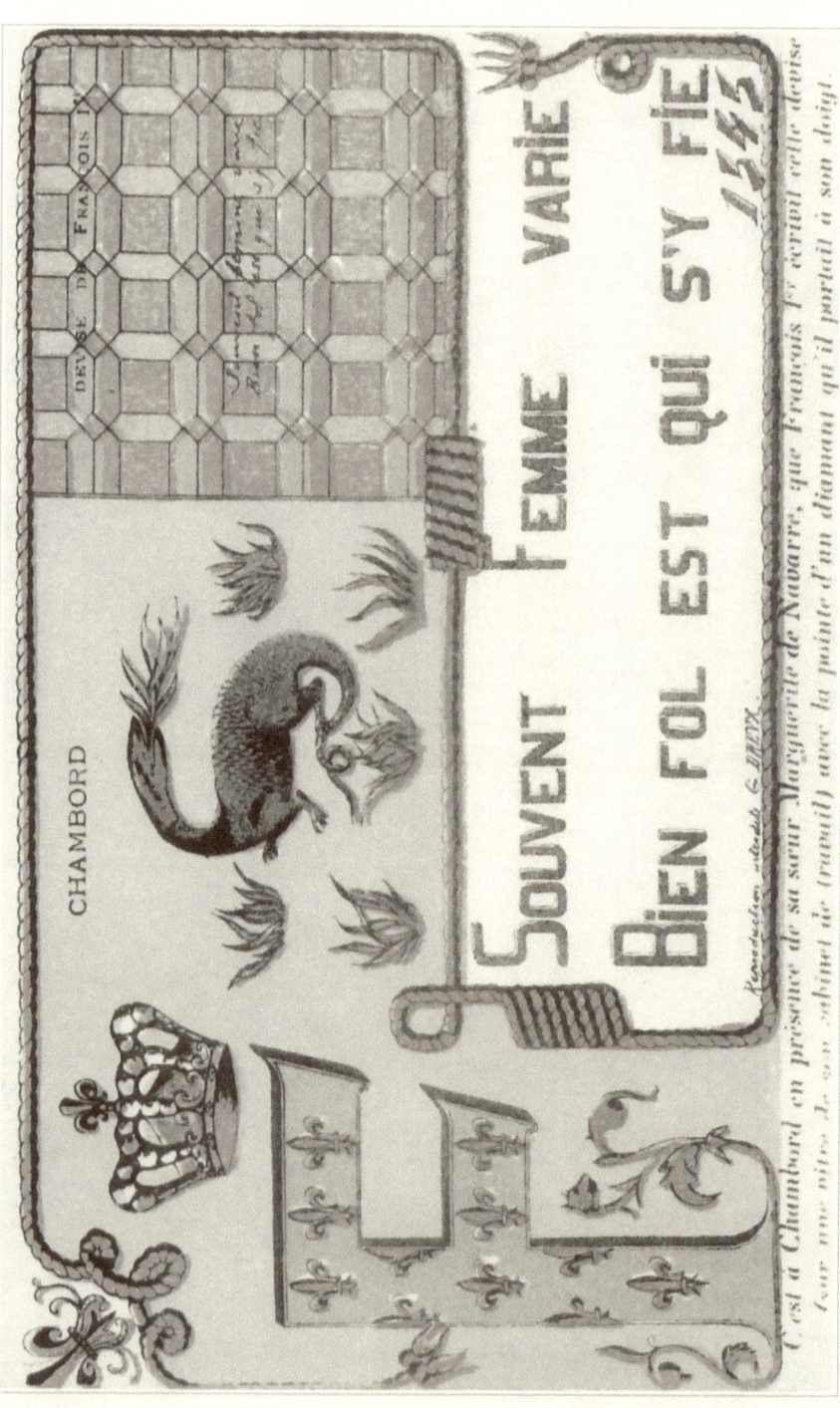

IV

« SOUVENT FEMME VARIE, BIEN FOL EST QUI S'Y FIE »

Paroles désabusées

Certain jour, nous conte une légende bien connue, le très haut et très puissant seigneur et roi François Ier rêvait tristement en sa chambre du château de Chambord. Sans doute le prince avait-il quelques bonnes raisons de ne point s'esbaudir car, tout en pensant à la belle duchesse d'Etampes, il s'approcha à pas lents de la fenêtre d'où l'on découvrait l'immense forêt aux cimes moutonneuses, et sur le carreau de la vitre, il aurait tracé avec le diamant de sa bague ce distique vengeur :

> « Souvent femme varie,
> Bien fol est qui s'y fie »,

élégante paraphrase du *Varium et mutabile semper femina* de Virgile[1].

Ces deux vers connaîtront, quatre siècles durant, un succès extraordinaire. Dans *Le Roi s'amuse*, Victor Hugo les reprendra encore en leur adjoignant deux vers assez faibles[2]. Et en 1863, dans le livret français de *Rigoletto*[3]. M. Ed. Duprez paraphrase à son tour... la paraphrase du poète romantique.

---

1. *Enéide*, livre IV, Didon s'est inclinée devant la volonté des Dieux, elle consent au départ d'Enée. Au moment des adieux, pourtant, elle essaie de retenir le héros troyen, et celui-ci semble se laisser fléchir par la prière de Didon. C'est alors qu'apparaît Mercure qui rappelle à Enée la volonté de Jupiter : « Pars, pars sans différer, et souviens-toi que la femme est toujours un être variable et changeant. »
2. « Souvent femme varie, / Bien fol est qui s'y fie ! / Une femme souvent / N'est qu'une plume au vent. » (*Le Roi s'amuse*, acte IV, 1832)
3. « Comme la plume au vent / Femme est volage / Et bien peu sage / Qui s'y fie un instant... / Femme varie, / Fol qui s'y fie / Un seul instant. »

Tout ceci ne pouvait que renforcer la légende.

Un mot protéiforme

Le premier auteur qui mentionne la phrase de François Ier est le fameux Brantôme. Dans le « Discours IV » de son ouvrage *Vie des dames galantes*, où les anecdotes les plus effarantes se succèdent à un rythme accéléré, l'infatigable chroniqueur nous relate l'épisode suivant : «... Il me souvient qu'une fois m'estant allé pourmené à Chambord, un vieux concierge qui estoit céans, et avoit esté valet de chambre du roy François [Ier], m'y reçeut fort honnestement, car il avoit dès ce temps-là connu les miens à la cour et aux guerres, et lui-mesme me voulut me monstrer tout ; et m'ayant mené à la chambre du roy, il me monstra un mot d'escrit au costé de la fenestre sur la main gauche : « Tenez, dit-il, lisez cela, monsieur, si vous n'avez veu de l'escriture du roy mon maistre, en voilà ! » Et l'ayant leu, en grand'lettre, il y avoit ce mot : *Toute femme varie.* »

Voilà donc le thème sur lequel, pendant des siècles, les littérateurs vont broder à l'infini. Certes, Bussy-Rabutin, auteur de l'*Histoire amoureuse des Gaules*, connaissait trop bien son Brantôme pour rapporter la citation de façon incorrecte. Mais après lui, la phrase va s'étendre, puis se contracter, changer encore de forme... L'imagination des auteurs se donne libre cours, et l'on reste stupéfait devant la richesse et l'imprévu de leurs élucubrations.

A la recherche d'un carreau

L'inscription du carreau historique, nous sommes trois à l'avoir vue : Brantôme ; Bernier, médecin de Madame ; et... moi-même. Il s'agit donc d'examiner ces trois témoignages.

Brantôme a noté, dans sa *Vie des dames galantes*, cette simple phrase, composée de trois mots : « Toute femme varie. » Remarquons-le bien, il ne parle pas d'une inscription tracée sur une vitre à l'aide de la pointe d'une bague. L'auteur parle d'« un escrit au costé de la fenestre » : nous sommes donc obligés de conclure, en l'absence de renseignements plus précis, que la phrase était tracée soit sur la pierre du mur à l'aide d'un charbon, soit sur un volet de bois, avec un canif.

Bernier[1], médecin ordinaire de Madame, nous donne à son tour des détails intéressants. « Car l'on y voit [à Chambord] dans un cabinet joignant la Chapelle, cette rime que je prends pour le fruit de quelque dépit amoureux, écrite sur un carreau de vitre, avec un diamant, de la propre main de ce prince :

 « Souvent femme varie
 Mal habil qui s'y fie. »

---

1. Jean Bernier, « Conseiller et Médecin ordinaire de Madame, douairière d'Orléans », est d'une érudition assez superficielle. Ménage l'appelle : « *vir levis armaturae* ». Le P. Liron juge que son histoire de Blois renferme des erreurs considérables. — Voici le titre de l'ouvrage, où, page 85, on retrouvera le passage cité : « Histoire de Blois contenant les antiquitez et singularitez du comté de Blois, les éloges de ses comtes et la vie des hommes illustres qui son nez au pais blésois, avec les noms et les armoiries des familles nobles du mesme païs. » 1682.

Voici du nouveau. Les trois mots déchiffrés par Brantôme sont devenus, avec le temps « une rime ». De plus, on ne les voit plus écrits dans la chambre du roi, « au costé de la fenestre », mais « dans un cabinet joignant la Chapelle », et sur un carreau de vitre !

Certains historiens nous assurent que Louis XIV, « alors jeune et heureux », sacrifia le fameux carreau à Mlle de Lavallière, et donna l'ordre de le briser. De la Saussaye incline plutôt à croire que la vitre fut « vendue aux Anglais comme tant d'autres choses françaises ». Mais il faut penser que ce carreau a la vie aussi dure que la légende, car j'ai pu retrouver, moi-même, sur une vitre de la chapelle du château, la classique inscription, tracée à la pointe d'un diamant :

> « Souvent femme varie
> Bien fol est qui s'y fie. »

Sans doute un traditionaliste zélé a-t-il voulu renforcer la fable agonisante ; il n'a fait qu'ajouter une nouvelle confusion à cette histoire déjà fort compliquée.

En résumé, Brantôme vit l'inscription dans la chambre du roi, mais non sur la vitre. Plus tard, Bernier vit le distique sur la vitre, dans une pièce contiguë à la chapelle. Et, aujourd'hui, vous pourrez la voir sur une vitre, mais dans la chapelle même !

Brantôme, historien suspect

Le distique :

> « Souvent femme varie
> Bien fol est qui s'y fie »

doit être relégué, indubitablement, dans la collection des mots historiques nettement apocryphes ; nous avons laissé entendre, d'ailleurs, qu'il fut rédigé en collaboration par plusieurs générations d'anecdotiers.

Mais cela n'implique pas que la version primitive donnée par Brantôme — « Toute femme varie » — doive être considérée a priori comme un faux. Que vaut donc, en définitive, le témoignage de Brantôme ? Il vaut... ce que vaut le témoin, et ce dernier, il faut bien l'avouer, paraît assez suspect.

Brantôme, note G. Lanson[1], « raconte ce qu'il a vu, entendu, sans critique, sans probité d'historien ». Voilà, on en conviendra, une inquiétante référence. De fait, notre auteur collectionne tous les « potins » qu'il peut recueillir, recherche les anecdotes curieuses, et brode ensuite avec un souci très relatif de la vérité. Invente-t-il parfois ? Je ne sais. Mais il se montre trop crédule, il voit trop vite, il note avec trop de précipitation. Il est un guide peu sûr pour l'historien, et mérite d'être sévèrement contrôlé.

Justement, dans le cas qui nous occupe, il se trouve que Brantôme est le seul à avoir lu et rapporté cette fameuse inscription, et nous venons de dire pourquoi, devant cet unique témoignage, nous revient à l'esprit l'adage : *Testis unus, testis nullus* !

1. *Histoire de la Littérature française.*

Au mois de Iuillet de l'an 1593. Ce Prince fit la Ceremonie de son Abjuration dans l'Eglise de St Denis a deux liëues de Paris entre les mains de l'archevêque de Bourges et 7. ou 8. Evêques assistans et tous les grands de sa Cour, Gabriel d'Etrée même qui avoit beaucoup Contribué a sa Conversion.

V

« PARIS VAUT BIEN UNE MESSE »

Encore un mot discuté !

Depuis quatre ans, la France n'avait plus de roi...

Sur son lit de mort, au soir du 2 août 1589, Henri III avait bien désigné son cousin, Henri de Bourbon, pour lui succéder ; mais le pays, de majorité catholique, refusait d'accepter un souverain appartenant à la religion réformée ; et en dépit des éclatantes victoires qu'il remportait sur les troupes de la Ligue, le Béarnais n'arrivait pas à prendre possession de son royaume.

De jour en jour, la situation devenait plus tragique pour le pays : partout, la guerre civile, la misère, l'incendie. Le protestant appelait l'Anglais sur nos côtes de l'ouest, tandis que la Ligue catholique ouvrait nos frontières à l'Espagnol. Sous le couvert des intérêts de la religion, les factions politiques déchiraient la France.

« Henri de Navarre — avait prophétisé Henri III — est d'un caractère trop sincère et trop noble pour ne pas rentrer dans le sein de l'Eglise ; tôt ou tard, il reviendra à la vérité. » En effet, à la fin du mois d'avril 1593, Henri de Navarre prend décidément le parti de se convertir au catholicisme : le 25 juillet suivant, en l'église abbatiale de Saint-Denis, il abjurera solennellement le protestantisme, et fera serment de vivre et de mourir en la foi romaine. Tout heureux d'avoir enfin un chef « né au vray parterre des fleurs de lys de France », le peuple de Paris, accouru en foule à la cérémonie en dépit de la défense du duc de Mayenne, « crioit d'allégresse : Vive le Roy ! Vive le Roy ! Vive le Roy ! »

On devine qu'une pareille solution, qui pacifiait d'un coup le pays, contrecarrait sérieusement les plans politiques des *trublions* protestants et des *braillards* de la Ligue. Les deux camps ennemis vont, en la circonstance, s'accorder pour calomnier à l'envi le nouveau roi Henri IV, que l'on accusera d'avoir acheté la couronne de France par une abjuration simulée. Pamphlets virulents, chansons satiriques, épigrammes, écrits tendancieux stigmatiseront, surtout du côté calviniste, cette conversion, qualifiée d'hypocrite. D'ailleurs, le Béarnais, connu aussi bien pour son absence de passion religieuse que pour son esprit railleur, n'a-t-il pas à merveille résumé la situation par ce mot amusant, mais cynique, que l'histoire ne cessera de lui reprocher : « Paris vaut bien une messe » ?

Nous ne saurions donc nous étonner si, à la fin du siècle dernier, un historien protestant des plus écoutés, le pasteur N. Weiss, porte sur Henri IV ce jugement en apparence définitif : « Personne n'admet que la conversion du souverain, qui a réellement dit que Paris valait bien une messe, fût sincère. »

Or, il se trouve que la double affirmation contenue dans ce jugement est une double erreur.

Je me suis efforcé par ailleurs[1] de démontrer que l'abjuration d'Henri IV s'expliquait non point, comme l'affirme l'histoire officielle, par des motifs personnels, politiques, intéressés, mais par une véritable évolution des sentiments religieux chez le roi. Evolution profonde, sincère, dont un observateur impartial peut suivre les différentes phases.

Dans ces conditions, pourquoi les traités d'histoire affirment-ils le contraire de la vérité ? On m'excusera de ne pas reprendre ici point par point la réfutation de la thèse officielle, elle n'a pas sa place ici. Je me résumerai simplement en disant que le récit de la conversion d'Henri IV fut habilement truqué par les soins combinés des pamphlétaires protestants et des fanatiques catholiques. Et il a fallu les récents travaux du R. P. Yves de la Brière[2] pour mettre au point les choses, et reléguer cette fable un peu odieuse dans le domaine de ce que les Anglais appellent des « forgeries ».

Puisque la conversion d'Henri IV fut, nous le savons maintenant, un acte sincère, il nous est permis de douter a priori de l'authenticité de la boutade attribuée au nouveau catholique : « Paris vaut bien une messe. »

De fait, le mot est apocryphe, et nous allons le prouver.

Première piste

Dès 1871, Edouard Fournier[3], dans son livre riche en matière, mais parfois assez superficiel dans ses démonstrations, avait noté que l'on ne découvre nulle trace du fameux mot historique dans les récits contemporains d'Henri IV. Selon cet auteur, c'est seulement vers 1622, douze ans après la mort du monarque, et trente ans après son abjuration, que l'on trouve enfin, dans un texte d'ailleurs dénué de valeur historique, certaine réflexion présentant une lointaine analogie avec l'exclamation prêtée au souverain.

Le passage en question se trouve dans un recueil satirique du temps

---

1. Les grandes conversions. (*Histoire anecdotique de l'Eglise*, tome I).
2. *La conversion d'Henri IV*, par le R. P. Yves de la Brière, Paris. 1905. Tous les chercheurs devront se rapporter à ce livre documenté, qui a complètement renouvelé la question.
3. *L'esprit dans l'Histoire*.

de Louis XIII, et intitulé : *Les caquets de l'accouchée*[1]. Dans la chambre d'une jeune mère, quelques bonnes bourgeoises de la rue Quincampoix se réunissent tous les jours, selon la coutume du temps, pour tenir compagnie à la « gisante[2] » ; et là, on parle à bâtons rompus de politique, de religion, de mariage... Au cours de la cinquième « journée », nous entendons nos babillardes traiter assez durement les maréchaux de Créqui et de Bassompierre, ainsi que le connétable de Lesdiguières ; ce dernier, en effet, venait de se convertir sur le tard au catholicisme et, bientôt après, le vieux maréchal n'avait pas tardé à se voir élevé à la dignité de connétable : c'en était assez, on le devine, pour exciter la verve du bon public. Laissons donc parler la commère.

« Je vous sçay bon gré, dit la maistresse des requestes, de parler ainsi à cœur ouvert, car il est vray, la hart[3] sent toujours le fagot, et, comme disoit un jour le duc de Rosny au feu Roy Henri-le-Grand, que Dieu absolve, lorsqu'il lui demandoit pourquoi il n'alloit pas à messe aussi bien que lui : « Sire, Sire, la couronne vaut bien une messe. » Aussi, une espèce de connestablerie donnée à un vieil routier de guerre mérite bien de déguiser pour un temps sa conscience et de feindre d'être grand catholique. »

Notons que cette repartie, fort différente, en effet, de celle que la tradition attribue à Henri IV, se trouve placée, en l'occurrence, non dans la bouche du roi, mais dans celle de Sully. D'ailleurs, il ne convient pas de s'attarder outre mesure sur l'origine du mot prêté au ministre. Les *Caquets de l'accouchée* sont bien, comme leur nom l'indique, des commérages de quartier. Gardons-nous de leur attribuer plus d'importance qu'il ne faut...

Edouard Fournier pense que le mot de Sully a connu, en son temps, quelque succès ; que les calomniateurs ont par la suite attribué faussement la boutade à Henri IV ; et que, après plusieurs transformations, la phrase a pris la forme définitive sous laquelle elle a fait fortune dans les livres d'histoire : « Paris vaut bien une messe. »

Deuxième piste

Or, voici que, dans son remarquable ouvrage, le R. P. Yves de la Brière note qu'il existe un autre texte, reproduisant — d'une façon approximative, il est vrai — la fameuse boutade du roi. Ce texte possède, sur les *Caquets de l'accouchée*, l'avantage d'être contemporain de l'abjuration

---

1. Cette spirituelle satire fut publiée pour la première fois vers 1622, et parut sous la forme de petits cahiers brochés contenant simplement quelques feuillets. L'année suivante, ces divers volumes furent réunis en un seul ouvrage, qui eut un grand nombre d'éditions ; il était intitulé : *Recueil général des caquets de l'accouchée*.

2. L'accouchée, ou, pour employer le terme du temps, la « gisante », était allongée sur le « lit de misère », dressé, pour la circonstance, à côté du lit nuptial. Un bon feu brûlait dans la cheminée, où chauffait l'eau nécessaire aux ablutions ; les linges séchaient devant le foyer. Depuis le XVe siècle, il était d'usage, en France, chez les bourgeois, de rendre visite aux femmes en couches, et de « caqueter » toute la journée dans la chambre de l'accouchée.

3. La hart était une branche pliante dont on se servait pour attacher les fagots. On avait également donné ce nom à la corde des pendus : d'où l'expression « peine de la hart ».

d'Henri IV[1]. Je recopie le passage, extrait des *Mémoires et Journaux*, ouvrage de Pierre de l'Estoile. « Le roi, aiant advisé un gentilhomme à la messe, qui toujours avait faict profession de la religion, lui demanda s'il l'avoit pas veu au presche, et, s'il n'avoit pas été toujours de la religion. — Oui, dit-il, Sire. — Comment donc allez-vous aujourdhuy à la messe ? — Parce que vous y allez, Sire, luy respondit-il. — Ah ! dit le roy, j'entends bien que c'est : *vous y avez volontiers quelque couronne à gangner.* »

Certes, on peut bien admettre que, si ce mot est authentique, il est passé de bouche en bouche, et devenu rapidement « Paris vaut bien une messe ». Mais le R. P. Yves de la Brière fait judicieusement remarquer que Pierre de l'Estoile est un historien auquel on doit accorder peu de créance. Dans son *Journal*, en effet, notre crédule badaud consigne pêle-mêle tous les « potins » de la capitale ; et si la lecture de ces numéros reste d'un intérêt indéniable pour qui veut se rendre compte de l'état d'esprit de la bourgeoisie parisienne à l'époque d'Henri IV, par contre l'historien digne de ce nom ne saurait grapiller sans danger dans cet ouvrage dépourvu de sens critique.

Dès lors, il nous sera permis de conclure que le mot est nettement apocryphe, puisqu'on ne trouve la fameuse phrase « Paris vaut bien une messe » ni dans les écrits vraiment historiques du temps d'Henri IV, ni même dans ceux de l'époque de Louis XIII. Le mot ne présente donc aucune garantie d'authenticité.

Quant aux boutades prêtées à Henri IV par l'Estoile, et à Sully par l'auteur anonyme des *Caquets de l'accouchée*, elles n'ont, pour nous, aucune valeur ; car l'Histoire ne saurait se bâtir avec de simples commérages ou avec des calomnies politiques.

Le « sault périlleux »

D'ailleurs, le mot est d'autant plus sujet à caution qu'il contredit un fait certain : la conversion véritable, sincère d'Henri IV au catholicisme[1].

Mais un mensonge historique a la vie dure, et il faut s'attendre à ce que les partisans de la thèse officielle, au lieu de reprendre et de discuter point par point l'histoire documentaire de la conversion du roi, se rejettent, faute de mieux, sur quelque argument d'ordre sentimental. Comment croire, nous diront-ils, à la solidité de votre thèse en faveur de la conversion sincère d'Henri IV, alors que dans certain billet adressé à Gabrielle d'Estrées le 23 juillet 1593, l'avant-veille même de l'abjuration, nous lisons cette phrase cynique : « Ce sera dimanche que je feray le sault périlleux » ? Vous ne sauriez cependant classer cette plaisanterie parmi les « mots historiques qui n'ont pas été prononcés » ! Comment croire à la sincérité de ce pseudo-converti, parlant si irrespectueusement des sacrements qu'il fera mine de recevoir humblement... quarante-huit heures après ?

---

1. Le feuillet de l'Estoile est daté de février 1594 ; or, l'abjuration du roi (juillet 1593) avait eu lieu seulement sept mois auparavant.

2. Il s'agit uniquement ici, on l'entend bien, de la « conversion dogmatique », c'est-à-dire de l'adhésion du cœur et de la raison à la doctrine de l'Eglise. On ne saurait malheureusement parler, dans le cas qui nous occupe, de la « conversion des mœurs », qui ne fut jamais, pour Henri IV, qu'un idéal moral très lointain.

Certes, si le roi d'Angleterre Georges VI était en passe — supposons-le — de se convertir au catholicisme, et s'il lui échappait quelque « mot » dans le genre de celui qu'écrivit Henri IV à Gabrielle, on n'hésiterait pas à juger sévèrement sa façon d'agir.

Mais nous commettrions une lourde faute psychologique en jugeant de même façon les hommes du XVIe siècle et nos contemporains. Notre langue et notre style épistolaire se sont édulcorés, lénifiés, ont perdu de leur force et de leur coloris. Imagine-t-on, en effet, au cours de la dernière guerre [1914-1918], un Georges V, un Léopold II écrivant à un de leurs généraux : « Fervacques, à cheval. Je veux voir, à ce coup-ci, de quel poil sont les oisons de Normandie. Venez droit à Alençon. » Il nous est assez difficile de concevoir Foch ou Pétain, encerclés par l'armée adverse, et demandant d'urgence du secours sous cette forme humoristique : « Monsieur de Batz, ils m'ont entouré comme une bête, et croient qu'on me prend aux filets. Moi, je veux leur passer au travers ou sur le ventre. J'ai élu mes bons ; et mon Faucheur[1] en est. Grand damné, je te veux bien garder le secret de ton cotillon d'Auch à ma cousine, mais que mon Faucheur ne faille point en si bonne partie et ne s'aille amuser à la paille quand je l'attends sur le pré. » Toutes les lettres du Béarnais sont emplies d'un esprit pétillant, qui enchante par sa bonhomie souriante, par le choix inattendu des images, par le rythme cavalier du style. « Mon Faucheur — écrit-il encore à de Batz, son inséparable — mets des ailes à ta meilleure bête. J'ai dit à Montespan de crever la sienne. Pourquoi ? Tu le sauras de moi à Nérac. Hâte, cours, viens, vole. C'est l'ordre de ton maître et la prière de ton ami. »

Dans cette langue alerte « qui annonce Corneille et qui rappelle César[2] », scintillent tour à tour la douce raillerie, le trait d'esprit mordant, la moquerie familière. Comment reprocher sérieusement à un pareil homme de n'avoir pas su résister au plaisir de faire un bon mot sur son abjuration, lui qui plaisantait à propos de tout !

Ne prenons donc pas au tragique ce « sault périlleux », qui ne prouve aucunement l'hypocrisie du roi. Et encore moins, de toute manière, l'authenticité du mot « Paris vaut bien une messe ».

---

1. « Faucheur » est le surnom qu'avait donné Henri de Bourbon à de Batz.
2. Lamandé.

ET POURTANT ELLE TOURNE! (GALILÉE)

VI

« ET POURTANT, ELLE TOURNE ! »

Un astronome qui a mauvais caractère

Le 22 juin 1633, Galileo Galilei, mathématicien et astronome florentin, accusé d'avoir soutenu la théorie copernicienne relative au mouvement de la terre autour du soleil, comparaît pour la dernière fois devant le Tribunal du Saint-Office, dans la grande salle du couvent des Dominicains de « Santa Maria sopra Minerva », à Rome. L'Inquisition rend sa sentence, que Galilée écoute debout, tête nue. Ensuite, il s'agenouille, et, la main sur les Evangiles, abjure ses « erreurs ».

Mais, rapporte-t-on, à peine le savant eut-il apposé son paraphe sur la cédule, qu'il frappa coléreusement du pied ; puis, regardant tour à tour le soleil et la terre, il s'écria : « *E pur, si muove !* — « Et pourtant, elle (la terre) tourne ! »

Ce pittoresque épisode a été exploité comme il convient par les peintres, les littérateurs, et aussi, hélas ! par les historiens.

L'anecdote est, cependant, doublement fausse : car si elle apparaît peu admissible au point de vue psychologique, elle semble absolument erronée au point de vue historique.

L'erreur psychologique

Je n'ai pas ici à railler l'erreur que commirent les Inquisiteurs, lorsque, à l'occasion du procès de Galilée, ils crurent devoir, solennellement, nier la rotation de la terre autour du soleil[1]. Je ne m'attacherai pas davantage

---

1. On n'ignore pas que la thèse a été reprise récemment par certains savants. Cf. Gustave Plaisant, ancien élève de l'Ecole Polytechnique, *Tourne-t-elle ?* et *La Terre ne bouge pas*. Lille, 1935, Imprimerie Douriez-Bataille.

à souligner les bévues de Galilée qui, pour tâcher de mettre les livres saints en accord avec sa théorie, se lança dans une exégèse biblique des plus intrépides. Ainsi donc, en ces temps heureux, les théologiens discutaient d'astronomie — et l'astronome de Florence de théologie. On le voit, le XVIe siècle connut, lui aussi, l'utilisation des incompétences. Ne nous étonnons pas si, dans le cas qui nous occupe, les Inquisiteurs et Galilée arrivèrent, chacun de leur côté, à des conclusions assez peu satisfaisantes.

Mais ce qu'il importe plutôt de souligner ici, ce sont les continuelles réticences, les perpétuels changements, l'attitude ambiguë de Galilée. Mis en présence du Tribunal, il abjure tout ce qu'on lui demande, prend tous les engagements qu'on exige de lui ; ce qui ne l'empêchera aucunement de publier par la suite ce qu'il a promis de taire, et d'enseigner ce qu'il a autrefois reconnu comme une erreur condamnable. Rappelé à l'ordre par l'Inquisition, il s'empresse, chaque fois, de reconnaître ses torts, et sait apaiser la colère du Tribunal par des serments solennels, quitte à manquer aussitôt à la parole donnée.

De ce fait, l'étude du procès devient quelque peu lassante, car la conduite de l'astronome apparaît assez incompréhensible. Je crois pourtant qu'on peut expliquer très simplement la psychologie de Galilée. Il y a en lui deux hommes distincts : d'un côté, le savant, qui tient essentiellement à publier ses découvertes ; de l'autre côté, le « bon bourgeois », qui ne se sent en aucune manière la vocation du bûcher... Avec une habileté consommée, le florentin Galilée, concitoyen de Machiavel[1], arrivera à poursuivre son enseignement, tout en échappant aux sanctions dont le menace sans cesse l'Inquisition.

Grâce à sa subtilité, Galilée entretint même, pendant les vingt années que dura la lutte, des relations presque cordiales avec ses juges. Et l'on conçoit mal que ce fin matois, après avoir berné un tribunal pourtant si retors, ait, à la dernière séance du procès, compromis irrémédiablement sa cause en frappant du pied devant les Inquisiteurs, et en s'écriant : « *E pur, si muove !* » Admettre cette histoire, ne serait-ce pas faire injure à la fine intelligence de Galilée, qui savait fort bien que de pareilles paroles l'auraient aussitôt exposé aux châtiments réservés aux parjures et aux relaps ?

Comment admettre d'ailleurs l'authenticité de cette parole de défi à l'égard des autorités religieuses, alors que, le jour même de la sentence, nous voyons le pape Urbain VIII commuer la peine de prison prononcée par l'Inquisition, en assignant comme résidence au « condamné » la villa et le jardin de la Trinité-des-Monts, ce superbe palais habité par l'ambassadeur de Toscane ? Huit jours plus tard, le pape permettra au « prisonnier » de partir pour Sienne, et lui donnera licence de s'installer dans le palais de son ami, le cardinal Piccolomini. Cinq mois après, le pontife accédera à la prière de Galilée, qui désire reprendre ses travaux dans le cadre de sa villa d'Arcetri, près de Florence. Cette bienveillance du Saint-Siège s'expliquerait assez difficilement, on l'avouera, si, à la fin du procès de 1633, Galilée avait agi, vis-à-vis de ses juges, de la façon cavalière que nous rapporte la légende.

---

1. En 1564, date de la naissance de Galilée, Machiavel est mort depuis trente-sept ans seulement.

Du point de vue psychologique, la phrase « *E pur, si muove* » est inadmissible.

L'erreur historique

Ces arguments d'ordre purement moral, si respectables soient-ils, il ne nous déplairait pas de les voir appuyés et confirmés par quelques observations historiques[1]. Or, il me sera permis de dire que nous connaissons aujourd'hui l'auteur qui fut, semble-t-il, le premier à mentionner le fameux « *E pur, si muove !* » Il s'agit en l'espèce d'un critique italien du nom de Giuseppe Baretti, qui, en 1757, publia à Londres un ouvrage intitulé : *The Italian Library*. Dans ce dictionnaire biographique sont étudiés les auteurs les plus célèbres du temps ; et à l'article « Galilée », nous trouvons une courte notice, que je traduis :

« Galileo Galilei. C'est là le célèbre Galilée, qui fut retenu par l'Inquisition pendant six ans, et mis à la torture pour avoir dit que la terre tournait. Au moment où il recouvra la liberté, il leva les yeux vers le ciel, abaissa ensuite son regard vers la terre ; puis, frappant du pied, il dit, d'un air pensif : « Et pourtant, elle tourne ! » — Signifiant par là que la terre continuait à tourner[2]. »

A l'époque où Baretti s'essayait ainsi à résumer d'une façon plus ou moins anecdotique et plus ou moins heureuse la vie des grands personnages de l'Italie, Galilée était mort depuis cent quinze ans exactement. Depuis plus d'un siècle, par conséquent, les historiens étudiaient la curieuse physionomie morale de l'astronome florentin. Or, ni dans les pièces originales du procès, ni dans les relations des contemporains, ni même dans les travaux de compilation exécutés de 1642, date de la mort de Galilée, à 1757, année où parut le livre de Baretti, nous ne relevons la moindre allusion au mot célèbre, prononcé par Galilée devant ses juges.

A quelle source Baretti puisa-t-il donc son information ? Il ne nous en dit rien ; et son silence sur ce point ne saurait nous étonner outre mesure.

On comprendra que j'aie désiré connaître un peu la psychologie de cet auteur à qui l'histoire moderne semble redevable d'une monumentale galéjade. Les résultats de mon enquête ne m'ont guère rassuré. Giuseppe Baretti, né à Turin en 1713, fait tout d'abord des études de droit assez fantaisistes, devient le secrétaire d'un négociant, et se découvre ensuite une vocation poétique. Après avoir tâté du genre sérieux, puis du genre burlesque, il se met à traduire Corneille. Bientôt nous le voyons à Londres, où il est parti pour prendre la direction du Théâtre italien ; il s'essaie avec succès dans la parodie, compose un dictionnaire anglais-italien, puis une grammaire, écrit en anglais ses *Pamphlets*... C'est un amuseur char-

---

1. Toutes les erreurs colossales, toutes les calomnies romantiques ou tendancieuses touchant le procès de Galilée ont encore de nos jours trop de succès. Je me propose de les rectifier dans un prochain volume consacré aux *Erreurs et Truquages judiciaires*.

2. Voici le texte original : « *This is the celebrated Galileo, who was in the inquisition for six years ; and put to the torture for saying that the earth moved. The moment he was set at liberty, he loocked up to the sky and down to the ground, and, stamping with his foot, in a contemplative mood, said :* Eppur, si move ; *that is* Still, it moves, *meaning the earth.* »

mant, touche-à-tout ingénieux et sans profondeur, un écrivain sans érudition véritable, et surtout un historien confus, manquant de sens critique et dépourvu de méthode. Voici donc, en quelques traits, la physionomie morale de l'auteur d' « *E pur, si muove !* »

Sans doute, au cours de ses précédents voyages à Mantoue, à Milan, à Venise, Baretti a-t-il pu recueillir ce ragot, issu de quelque officine anticléricale... Jusqu'alors on s'était prudemment abstenu de l'imprimer. Mais Baretti n'éprouvera pas autant de scrupules, et, avec une belle audace, sans se soucier de vérifier les sources ou d'indiquer la moindre référence, il immortalisera le trait fameux que tous les contemporains de Galilée avaient ignoré.

Et sans plus attendre, l'histoire, avec une tendresse de mère, adopta généreusement ce mot apocryphe qui, depuis bientôt deux siècles, connaît une si brillante destinée.

— "L'État c'est moi."

Louis XIV au Parlement.

1661.

VII

« L'ÉTAT, C'EST MOI ! »

Un Roi qui donne le fouet au Parlement

Plus un mot historique reflète exactement la physionomie morale de son auteur présumé, plus ce mot a des chances d'être faux. Et ce n'est pas un paradoxe, car les historiens se montrent toujours un peu trop enclins, par déformation professionnelle, à présenter sous une forme claire, précise, facile à s'inscrire dans la mémoire des foules, des faits qui, par essence, sont complexes, confus, parfois même contradictoires.

Parmi ces « slogans » publicitaires, inventés après coup et taillés à la mesure exacte des grands personnages, aucun ne me paraît mieux réussi que la fameuse repartie attribuée à Louis XIV : « L'Etat, c'est moi ! »

On connaît l'épisode, que l'on raconte ainsi : au mois d'avril 1655, le jeune roi Louis XIV — il a dix-sept ans à peine — quitte en toute hâte Vincennes, où il chassait, arrive à Paris, et vient mettre un terme aux délibérations du Parlement, qui se dresse d'une façon vraiment menaçante devant l'autorité royale ; Louis ne prend même pas la peine de changer de costume ; il pénètre dans la salle des délibérations, vêtu d'un justaucorps rouge, coiffé d'un chapeau gris ; et, tel un dompteur entrant dans une cage de fauves, il tient à la main... un fouet de chasse. On ne pouvait être plus menaçant, ni plus désinvolte.

Aussitôt, le monarque demande au Parlement les motifs de son refus à enregistrer les édits royaux. Comme le premier président essaie d'expliquer au roi que la résistance provient de ce que l'assemblée des magistrats se pose en champion des intérêts de l'Etat, Louis interrompt brutalement la harangue par ce mot connu — un peu trop connu — : « L'Etat, c'est moi ! »

Immédiatement, les magistrats lèvent la séance. Le Parlement ne sera plus convoqué désormais. En toute quiétude. Louis XIV va instaurer sa politique absolutiste.

Scène trop théâtrale pour être vraie. Mot historique trop « vrai » pour être sûrement authentique.

Les confidences des contemporains

Ouvrons donc quelques mémoires du XVIIe siècle : ceux de Montglat, de Mme de Motteville, de l'abbé de Choisy, d'Olivier d'Ormesson. De fait, nous marquerons quelque étonnement en constatant que ces relations, contemporaines de l'entrée cavalière de Louis XIV dans la grande chambre du Parlement de Paris, ne renferment pas la moindre allusion à la parole de défi lancée par le jeune monarque à la tête des magistrats.

Ecoutons le très sobre récit de Montglat : « Cette considération [il s'agit, en l'espèce, des motifs qui décidèrent Louis XIV à mettre fin à la politique d'opposition du Parlement] obligea le roi de partir du château de Vincennes et de venir le matin, au Parlement, en justaucorps rouge et chapeau gris, accompagné de toute sa cour en même équipage, ce qui était inusité jusqu'à ce jour. Quand il fut dans son lit de justice[1], il défendit au Parlement de s'assembler ; et, après avoir dit quelques mots, il se leva et sortit sans ouïr aucune harangue. »

Dans leurs mémoires, Mme de Motteville, l'abbé de Choisy n'ajoutent aucun détail nouveau.

A son tour, Olivier d'Ormesson consigne l'épisode dans son fameux *Journal*. Nous voyons Louis XIV défendre au Parlement de délibérer plus longtemps sur les édits enregistrés. « Après — ajoute d'Ormesson[2] — le Roy se leva, descendit et dict en passant un mot au Premier Président. Et après, M. le Chancelier leur parla [aux magistrats assemblés] et dict que le Roy lui avait commandé de leur dire qu'il voulait que sa volonté fût exécutée et leur défendit d'en délibérer. »

C'est en vain que nous chercherions plus longtemps à découvrir, chez les écrivains du XVIIe siècle, le mot historique si délibérément attribué de nos jours à Louis XIV. Et si notre curiosité nous pousse à rechercher l'auteur de ce faux, il nous faudra abandonner résolument les mémorialistes pour donner audience aux romanciers de l'histoire.

Comment on écrit l'histoire de France

Cette irruption du roi dans la grande salle du Parlement était bien de nature à exciter la verve des écrivains. Voltaire, qui possède un génie particulier pour déformer les faits historiques les plus simples, retracera avec complaisance l'entrée impromptue du jeune monarque, coiffé d'un chapeau gris, vêtu d'un justaucorps rouge et chaussé de grosses bottes ; mais, pour corser l'épisode, il se permettra d'ajouter un accessoire de son invention : le souverain, en pénétrant dans la salle des séances, tiendra à la main... un fouet[3] !

---

1. Le lit de justice était simplement le fauteuil occupé par le roi, lorsqu'il assistait aux séances du Parlement.

2. Il convient de noter que cette séance prit place le 22 décembre 1665 — dix ans après la scène non moins dramatique du 9 avril 1655, rapportée ci-dessus par Montglat.

3. « Le roi entra au Parlement en grosses bottes, le fouet à la main ». (*Siècle de Louis XIV*, chapitre XXV. Particularités et anecdotes du siècle de Louis XIV).

Belle trouvaille pour les amateurs de pittoresque. Ce fouet connaîtra bientôt, on peut le dire, un succès sans précédent. Désormais, nous le retrouverons dans toutes les narrations pseudo-historiques. Lacretelle jeune[1] n'a garde de négliger ce détail savoureux. Sismondi[2], à son tour, le met en bonne place.

Bientôt, un historien, plus imaginatif encore, va surenchérir : avec Lavallée[3] le roi sera même... éperonné !

Mais le même auteur nous réserve une nouvelle surprise. « Le Parlement — poursuit-il — se tut devant ce roi de dix-sept ans, et pendant plus d'un demi-siècle, il ne s'éleva contre la royauté aucune opposition, aucune plainte, aucun murmure, ni de la noblesse, ni du clergé, ni du peuple ; il n'y eut pour elle que des adorations. *L'Etat, c'était le roi.*

« Le fameux mot[4] : « L'Etat, c'est moi » — poursuit l'auteur — ne fut pas dit dans un mouvement d'orgueil ; il fut l'expression sincère d'une croyance, ou mieux encore, l'énonciation d'un fait[5]. »

Après le fouet tressé par Voltaire, après les éperons forgés par Lavallée, nous voyons enfin apparaître l'apostrophe historique prononcée par Louis XIV... en plein XIXe siècle.

Et voilà... Et voilà comment on écrit l'histoire de France.

Traduttore, traditore

On pourra se demander comment et pourquoi un historien tel que Lavallée a cru devoir fabriquer ce mot.

Je ne chargerai pas trop le faussaire qui, en la circonstance, a péché moins par malice que par manque de subtilité. A mon sens, on ne doit l'accuser que d'avoir trahi — en essayant maladroitement de les résumer — la pensée de Louis XIV et certaine phrase de Bossuet.

Déjà, au lendemain de la mort de Mazarin, le jeune Louis XIV, à peine âgé de vingt-deux ans, convoque les ministres du cardinal : de Lionne, Fouquet, Pierre Séguier, Michel Le Tellier, pour leur déclarer que, désormais, il sera son propre ministre. Le soir même, l'archevêque de Rouen se permet de demander au monarque : « Votre Majesté m'avait ordonné de m'adresser au Cardinal pour toutes les affaires. Le voilà mort. A qui dois-je m'adresser à l'avenir ? » Et Louis de répondre : « A moi, monsieur l'archevêque. »

Ce trait nous permettra de comprendre les aperçus de politique intérieure dont — bien plus tard — Louis XIV illustrera ses fameuses « Instructions », rédigées pour son fils, le Grand Dauphin : « Nous sommes la tête d'un corps dont les sujets sont les membres... La France est une monarchie ; le roi y représente la nation entière, et chaque particulier ne

---

1. « ...en équipage de chasse, un fouet à la main, etc.. » *Biographie Michaud*, tome XXV.

2. « Il monta dans la grand-chambre, le fouet à la main. »

3. *Histoire des Français*, 1847.

4. L'épithète « fameux » laisse croire que, déjà, à cette époque, une certaine tradition orale se plaisait à attribuer le mot à Louis XIV. Toutefois, je ne retrouve la phrase : « L'Etat, c'est moi ! » dans aucun ouvrage antérieur à celui de Lavallée.

5. D'un « fait » qui n'était pas précisément une réalité, car la lutte entre le pouvoir royal et le Parlement n'est pas encore terminée. Le Parlement de Paris ne sera réduit au silence qu'après la célèbre assemblée du 20 avril 1667.

représente qu'un seul individu envers le roi. Par conséquent, toute puissance, toute autorité réside entre les mains du roi, et il ne peut y en avoir d'autre dans le royaume que celle qu'il établit. »

Ainsi donc, la thèse de la monarchie absolue se trouve présentée d'une façon des plus nettes, des plus implacables. *Sans se substituer à la nation*, dont il reconnaît l'existence, le Roi s'en affirme le *seul représentant* qualifié.

Assurément, il n'y avait point là matière suffisante pour permettre aux historiens-romanciers de fabriquer un « mot » à l'emporte-pièce. Mais Bossuet semble venir... à leur secours. « Le prince en tant que prince — écrit le grand théologien — n'est pas regardé comme un personnage particulier ; c'est un personnage public ; tout *l'Etat est en lui* ; la volonté de tout un peuple est représentée dans la sienne. »

En déformant à plaisir la pensée de Louis XIV, et en estropiant sans vergogne le texte de Bossuet, on est ainsi arrivé à forger ce mot politique : « L'Etat, c'est moi. »

Le faussaire peut ici annoncer : « Coup double ! » — puisque son inexactitude historique se double d'un énorme contresens.

— "Il n'y a plus de Pyrénées!"

Louis XIV à l'Ambassadeur d'Espagne.

Novembre 1700.

VIII

« IL N'Y A PLUS DE PYRÉNÉES ! »

— un contresens historique —

Trône à céder

Dans les dernières années du XVIIe siècle, le roi d'Espagne Charles II ne voyait plus, selon l'expression de Saint-Simon, « les choses de ce monde qu'à la lueur de ce terrible flambeau qu'on allume aux mourants ». Sans même attendre la disparition du monarque, Louis XIV et l'empereur d'Allemagne Léopold II, héritiers directs[1] du souverain espagnol, se disputaient déjà les possessions du moribond qui, peu satisfait de ces procédés, ne cessait d'élever de véhémentes protestations.

Charles II, préoccupé d'éviter le morcellement des territoires espagnols après sa mort, crut agir pour le mieux en stipulant, dans une clause secrète de son testament, qu'il léguait son trône à l'un des petits-fils de Louis XIV, Philippe, duc d'Anjou. Le 1er novembre 1700, Charles II s'éteignait. Le 9 du même mois, un courrier, porteur du testament royal, arrivait à Fontainebleau où résidait à ce moment la Cour de France, et non sans émotion, Louis XIV prenait connaissance des volontés du défunt.

Or, quelques mois avant ces événements, le roi de France avait signé avec l'Angleterre et la Hollande un traité de partage des territoires espagnols. D'autre part, il venait d'assurer à l'empereur Léopold qu'il n'accep-

---

1. Louis XIV et l'empereur Léopold avaient épousé les deux sœurs de Charles II. Mais le roi de France, fils de la fille aînée de Philippe III et mari de la fille aînée de Philippe IV, semblait être l'héritier le plus direct de la couronne d'Espagne.

terait en aucun cas le legs de la couronne d'Espagne à un prince français. Mais il faudrait être assez peu au courant des intrigues internationales pour penser que, en cette première quinzaine de novembre 1700, le Roi-Soleil se trouvait strictement tenu par ses promesses antérieures. Disons plutôt qu'il était ravi du « fait nouveau ». Pourtant, la diplomatie la plus élémentaire exigeait que l'on sauvât du moins les apparences. On réunit plusieurs conseils. Louis feignit d'écouter avec impartialité les avis des uns et des autres ; puis, il réserva sa réponse en ajoutant bien haut qu'il serait certainement blâmé, quelque décision qu'il prendrait. Cette décision, il était aisé de la deviner.

Le 16, le roi convoqua l'ambassadeur espagnol dans son cabinet où se trouvait déjà le duc d'Anjou. D'un geste plein de noblesse, le souverain désigna au ministre étranger son petit-fils : « Vous pouvez, dit-il, le saluer comme votre roi ! » Je passe rapidement sur la scène qui suit. « Soyez bon Espagnol — devait, par la suite, ajouter Louis XIV. — C'est présentement votre premier devoir. Mais souvenez-vous que vous êtes Français, pour maintenir l'union entre ces deux nations. »

Quelques jours après, en remettant ses instructions à son petit-fils, Louis lui fit ses adieux qu'il aurait terminés par ces mots, tant de fois répétés depuis, et passés même en proverbe : « Il n'y a plus de Pyrénées ! »

Je ne dresserai pas ici une liste des innombrables livres d'érudition, dictionnaires biographiques, manuels scolaires qui rapportent et commentent cette phrase à effet. Quantité d'hommes politiques et de littérateurs l'ont reprise avec un invariable entrain. « Il n'y a plus d'Alpes ! » affirmait avec force Roederer qui, le 11 mai 1806, venait féliciter le roi de Naples Joseph Bonaparte au nom du Sénat français. « Louis le Grand s'écriait, quand il eut placé son petit-fils sur le trône d'Espagne : Il n'y a plus de Pyrénées ! C'est ainsi qu'aujourd'hui l'Empereur pourra dire de ces monts dont la cime s'est deux fois abaissée devant lui : Il n'y a plus d'Alpes ! ni d'Apennins ! » — A son tour, Joubert, dans ses *Pensées*, se livrera à une exégèse très sérieuse sur le même texte historique : « Cette phrase : Il n'y a plus de Pyrénées ! manque de justesse. Ce n'est pas là ce qui a rendu l'Espagne et la France amies ; c'est plutôt la conquête de la Franche-Comté qui, n'ayant plus laissé entre les deux nations aucun sujet de discorde, a fait rentrer l'Espagne dans les limites naturelles, où nous n'avons rien à lui envier. L'Espagne et la France sont donc et doivent rester amies précisément parce qu'il y a des Pyrénées. »

Tout ceci est fort judicieux. Mais d'abord, justifiées ou non, les paroles de Louis XIV ont-elles bien été prononcées ? Nous allons voir que leur authenticité ou tout au moins leur attribution à Louis XIV est plus que douteuse.

Un bon reportage

Les historiens contemporains des faits rapportent en effet l'épisode d'une façon qui diffère sensiblement de la version admise d'ordinaire.

Et, tout d'abord, donnons audience à Dangeau, témoin oculaire de l'entrevue.

Historien direct, pénétrant, sincère, notre mémorialiste note scrupuleusement tout ce qu'il voit, tout ce qu'il entend à la Cour. On a dit, non sans raison, qu'il est « le contrepoison nécessaire de Saint-Simon », car ce dernier se montre trop empressé à accepter et à noter les ragots les plus fantaisistes et surtout les plus malveillants.

Nous connaîtrons, grâce à Dangeau, tous les détails concernant les adieux et le départ de Philippe V. Dangeau se présente à nous comme un excellent « reporter » qui va nous donner le secret du mot apocryphe : « Il n'y a plus de Pyrénées. »

Reportons-nous donc à son *Journal*. A la page datée du 16 novembre 1700, l'écrivain consigne les détails de l'entrevue qui eut lieu entre le roi, le duc d'Anjou et l'ambassadeur d'Espagne. « Vous pouvez le saluer comme votre roi ! », annonce Louis XIV au diplomate castillan. Aussitôt, celui-ci se jette à genoux et baise les mains de son nouveau souverain. Le monarque français ordonne alors à l'huissier d'ouvrir les portes de la salle et, aux courtisans qui s'empressent d'entrer, il annonce en montrant son petit-fils : *Messieurs, voilà le roi d'Espagne !* »

« Soyez bon Espagnol, c'est présentement votre premier devoir », devait, bientôt après, ajouter Louis XIV. « Mais souvenez-vous que vous êtes Français, pour entretenir l'union entre les deux nations ; c'est le moyen de les rendre heureuses et de conserver la paix de l'Empire. »

Un peu plus loin, Dangeau nous entretient des préparatifs de départ de la petite cour qui doit accompagner le duc d'Anjou — devenu Philippe V — dans sa capitale espagnole. Et c'est alors que nous voyons apparaître le fameux mot historique, non point comme nous pourrions nous y attendre sur les lèvres de Louis XIV, mais sur celles de l'ambassadeur espagnol. Je reproduis textuellement le passage de Dangeau, dont le témoignage de toute première main est des plus précieux : « Le Roi [Louis XIV] permit aux jeunes courtisans de le [Philippe V] suivre, quand il partirait pour l'Espagne, ce qui fit dire à l'ambassadeur, pour les y encourager, que ce voyage devenait aisé et que, présentement, *les Pyrénées étaient fondues.* »

D'ailleurs, tandis que Dangeau consigne soigneusement l'anecdote dans ses tablettes, un de ses contemporains note à son tour l'épisode. Ouvrons le *Mercure galant*, au mois de novembre 1700. Le récit que nous allons y trouver correspond assez exactement au tableau que nous a brossé le mémorialiste. « Le mardi 16, le Roy estant entré dans son Cabinet après son lever, fit appeler l'ambassadeur d'Espagne et luy déclara en particulier l'acceptation qu'il avait faite de la Couronne d'Espagne pour Monseigneur le Duc d'Anjou... Le Roy luy dit en luy montrant Monseigneur le Duc d'Anjou : Monsieur saluez votre Roy. Aussi tost, l'Ambassadeur se jetta à ses pieds et luy baisa la main, les yeux remplis de larmes de joye, et s'estant relevé, il fit avancer son fils, et les Espagnols de sa suite qui en firent autant. Il [l'ambassadeur] s'écria alors : Quelle joye ! *il n'y a plus de Pirénées*, elles sont abymées et nous ne sommes plus qu'un.* » On conviendra aisément que si les deux témoins oculaires, Dangeau d'une part, le rédacteur anonyme du *Mercure galant* de l'autre, diffèrent sur quelques détails d'importance fort secondaire, ils s'accordent entièrement sur le fond.

En substance, la phrase fut donc prononcée. Et, après tout, il importe assez peu à l'histoire des « mots » que celui-ci soit désormais attribué à l'ambassadeur, et non plus à Louis XIV. Pourtant, dans le cas qui nous occupe, il s'agit moins de souligner une erreur matérielle que de corriger une sorte de contresens historique. En effet, si Louis XIV avait proféré ce jugement : « Il n'y a plus de Pyrénées », le monarque aurait certainement envisagé le problème au point de vue de la politique internationale de l'Europe. Or, il faut bien le dire, l'ambassadeur ne semble guère se préoccuper de l'avenir des deux nations. Il se contente de tourner un compliment « à l'espagnole », il s'efforce de rassurer ces jeunes seigneurs français qui vont s'exiler pour accompagner le duc d'Anjou dans ses nouveaux états. Il veut surtout assurer le prince que ce long voyage ne sera, à dire vrai, qu'une partie de plaisir. Et c'est en manière d'argument aimable qu'il affirme que « présentement les Pyrénées étaient fondues ».

Cette interprétation du mot en procédé de simple courtoisie est assez bien appuyée par la phrase suivante de Dangeau : « Monsieur dit à l'ambassadeur d'Espagne qu'il fallait que le roi d'Espagne apprît incessamment l'espagnol. L'ambassadeur repartit que présentement c'était aux Espagnols d'apprendre le français. » A lire ces pointes, ne pense-t-on pas, malgré soi, au Mascarille de Molière qui « travaille à mettre en madrigaux toute l'histoire romaine » ? Et nous reconnaîtrons, avec la Madelon des *Précieuses ridicules*, que « cela a un tour spirituel et galant ».

« Il n'y a plus de Pyrénées » n'est donc pas un mot historique à tendances politiques qu'aurait prononcé Louis XIV, mais tout simplement un madrigal enjoué et sans portée, adressé à quelques seigneurs de la Cour de France par un ambassadeur castillan, doublé d'un courtisan avisé.

Comment le mot fut-il, en fin de compte, attribué à Louis XIV ? D'une façon très simple, je crois. Ce fut, semble-t-il, par une sorte de transposition politique assez naturelle, dont Louis XIV, cette fois, aurait fourni la substance, sinon la formule. En effet, dix jours après l'arrivée du courrier espagnol à Fontainebleau, Philippe V prenait congé de son grand-père Louis XIV, de son père le Dauphin, de ses parents, de ses amis. « Le Roi [c'est Louis XIV que Dangeau désigne ainsi] dit au roi d'Espagne : Voici les princes de mon sang et du vôtre ; les deux nations présentement ne se doivent plus regarder que comme une même nation, elles doivent toujours avoir les mêmes intérêts ; aussi, je souhaite que ces princes soient attachés à vous comme à moi. »

Somme toute, Louis semble reprendre à son compte, mais en la traduisant en langage d'homme d'état, la galanterie sans importance de l'ambassadeur espagnol. Or, l'histoire anecdotique n'aime guère mettre en scène des personnages secondaires et l'on comprend aisément que des chroniqueurs aient préféré attribuer le « mot » au Roi-Soleil plutôt qu'à un obscur ministre étranger.

Voltaire, l'éternel truqueur

Ce qui est plus fâcheux, c'est qu'un historien ou soi-disant tel — je parle de Voltaire — ait pris à tâche, délibérément, de transformer la légende en histoire, et de tromper ses lecteurs. Il avait, comme on sait, la conscience professionnelle assez large.

Certain jour, Mme du Deffand, feignant de prendre la défense de Voltaire devant certain personnage qui reprochait au philosophe de n'avoir rien inventé, ripostait avec une naïveté voulue : « Rien ! Et que voulez-vous de plus ? Il a *inventé* l'histoire... »

Dans le chapitre XXVIII de son *Siècle de Louis XIV*, Voltaire, en verve d'anecdotes, rapporte les faits comme suit : « Il [le roi] s'exprimait toujours noblement et avec précision, s'étudiant en public à parler comme à agir en souverain. Lorsque le duc d'Anjou partit pour aller régner en Espagne, il lui dit, pour marquer l'union qui allait désormais joindre les deux nations : *Il n'y a plus de Pyrénées.* »

On pourrait, à la rigueur, excuser un biographe d'accueillir avec une facilité excessive un on-dit généralement accepté. Mais voici que Voltaire va singulièrement aggraver son cas. Trente ans après la parution du *Siècle de Louis XIV*, notre auteur décide d'éditer partiellement, en l'annotant, le *Journal* de Dangeau. Décision qui nous surprendra quelque peu, si l'on se rappelle qu'antérieurement Voltaire avait suspecté l'authenticité de ces mémoires, qu'il attribuait à « un vieux valet de chambre imbécile ». Mais notre historien n'en est pas à une contradiction près.

N'importe. Ouvrons l'édition de Voltaire, à la page où Dangeau conte le départ de Philippe V, et rapporte la scène au cours de laquelle l'ambassadeur espagnol assure que « présentement les Pyrénées étaient fondues ». Voltaire, qui, dans son *Siècle de Louis XIV*, a attribué le mot au Roi-Soleil, va peut-être se trouver quelque peu gêné. Il est toujours assez ennuyeux de rapporter le témoignage d'un témoin oculaire, quand ce témoignage contredit un de vos récits historiques. Mais Voltaire s'en tire avec une aisance parfaite, par une pirouette. Il va tout simplement corriger d'un trait de plume, sans sourciller, la déposition de Dangeau, présent à la scène. D'un petit air négligent, il se contentera d'ajouter, en note : « Louis XIV avait dit : « Il n'y a plus de Pyrénées. Cela est plus beau. »

Il est vraiment peu sérieux d'adopter et de proposer, sans preuve, un mot historique, sous prétexte qu'il est *plus beau*. Nous aimerions mieux savoir qu'il est *vrai*. Mais Voltaire — et bien d'autres historiens après lui — semblent s'être assez peu préoccupés de ce mince détail.

Le secret du mot

D'ailleurs, l'idée même de l'union des deux peuples, en dépit de la barrière des Pyrénées, était, peut-on dire, « dans l'air », et venait facilement à l'esprit.

Déjà, à l'époque du mariage de Louis XIII et de la princesse espagnole Anne d'Autriche, Malherbe composa une pièce, dont les vers suivants durent donner plus tard naissance à la fameuse phrase :

> *Puis quand ces deux grands hyménées*
> *Dont le fatal embrasement*
> *Doit aplanir les Pyrénées... etc.*

Petits mensonges historiques

Lors des adieux de Louis XIV et du jeune Philippe V, l'ambassadeur espagnol se contenta de transposer en prose l'image poétique de Malherbe. Bientôt, le caprice populaire se plaira à attribuer le propos du ministre castillan au Roi-Soleil, et, finalement, Voltaire transformera cette fable, encore inconsistante, en une solide réalité historique. Voilà la genèse, très simple, du mot.

— " J'ai failli attendre ! "

Louis XIV, à Versailles, constatant que son carrosse n'arrivait qu'à l'heure précise.

Deposé J.   1700.

IX

« J'AI FAILLI ATTENDRE ! »

Une journée bien remplie

« Avec un almanach et une montre », écrit quelque part Saint-Simon en parlant de l'emploi du temps si bien réglé de Louis XIV, « on pouvait, à trois cents lieues de lui, dire avec justesse ce qu'il faisait ».

Dès les premières années de son règne effectif, c'est-à-dire depuis la mort de Mazarin[1], Louis comprit fort bien que, pour s'acquitter de son « métier de roi » — l'expression lui appartient — il était nécessaire d'établir pour chaque jour, pour chaque saison, un véritable tableau de service. Jusqu'à la fin de son règne, le monarque tiendra la main à ce que le plan ainsi arrêté soit minutieusement suivi, aussi bien par lui-même que par la Cour.

A une heure déjà fixée la veille — huit heures d'ordinaire, note Saint-Simon — a lieu le « lever » auquel sont admis les courtisans, par séries ou, comme on disait alors, par « entrées », et on n'en comptait pas moins de six. Aussitôt après le lever, le souverain annonce le programme de la journée. « Ainsi, on savait, à un quart d'heure près, tout ce que le Roi devait faire. » — Puis, c'est la messe, suivie du Conseil, tenu en présence des ministres. Vers une heure, les courtisans assistent, debout, au repas que prend Louis XIV, seul à une table. L'après-midi, chasse ou promenade, ou sortie en carrosse que le roi conduit lui-même. A trois heures, nouveau Conseil, lecture des rapports et des dépêches, travail avec les secrétaires. La soirée, qui commence à sept heures, est coupée à dix heures par le repas en grand apparat : Louis « soupe » en compagnie des fils, filles, petits-fils et petites-filles de France. Enfin, vers minuit, se déroulent les rites du « coucher », à l'étiquette aussi compliquée que le « lever ».

1. 1661.

Alors seulement « la Cour étoit finie ».

Pas une minute de répit : la journée du Roi-Soleil était consacrée tour à tour aux affaires politiques, au sport, à l'apparat, à la vie de famille. Et tous les courtisans devaient se trouver présents « aux heures marquées », sans déranger rien d'une minute : le monarque l'exigeait.

On prête à Louis XIV le mot d'impatience : « J'ai failli attendre », qu'il proféra sans doute à l'occasion de quelque fâcheux retard. Certes, aucun historien ne se hasarderait aujourd'hui à soutenir l'authenticité de cette boutade. Mais ce mot légendaire symbolise bien ce que pouvait être la vie si minutieusement réglée et ordonnée — nous dirions aujourd'hui : chronométrée — de la Cour de Versailles, au temps du Roi-Soleil.

Controverses

C'est en vain que certains historiens se sont évertués à retrouver, dans les mémoires du temps, la phrase attribuée à Louis XIV. Pas le moindre document nous permettant d'affirmer que le mot fut prononcé soit par le roi, soit par un autre personnage de la Cour. Et l'on se perd en conjectures sur l'origine de la légende. Quelques érudits nous offrent, faute de mieux, certaines hypothèses qui ne manquent pas d'ingéniosité, ni d'intérêt. Résumons-les.

Edouard Fournier[1] avoue qu'il ne croit guère à l'authenticité de la phrase qui nous occupe et il appuie son opinion sur deux textes du XVIIe siècle.

Tout d'abord, il cite un passage du *Journal de Dangeau*, l'excellent chroniqueur de la Cour de Louis XIV : « Ce matin-là — note le mémorialiste à la date du 17 juillet 1690 — Sa Majesté a donné audience à l'ambassadeur de Portugal, qui l'a fait attendre plus d'une heure sans que le Roi témoignât la moindre impatience. » Puisque le monarque acceptait avec tant de bonne humeur un semblable retard, comment se serait-il, en d'autres circonstances, impatienté à la simple pensée qu'il aurait pu attendre ? On objectera sans doute que Louis XIV, en parfait homme d'Etat, savait cacher ses sentiments devant le ministre d'un pays étranger, quitte à laisser apparaître ensuite sa nervosité en une occasion moins protocolaire.

Mais la seconde anecdote, rapportée également par Fournier, va faire tomber l'objection. C'est aux *Fragments historiques* de Racine qu'il l'emprunte : « Un portier du parc qui avait été averti que le Roy devoit sortir par cette porte ne s'y trouva pas, et se fit longtemps attendre. Comme il venoit tout en courant, c'étoit à qui lui diroit des injures. Le Roy dit : Pourquoi le grondez-vous ? Croyez-vous qu'il ne soit pas assez affligé de m'avoir fait attendre ? » Ces deux témoignages, vraiment typiques, nous inclineraient à penser que le Roi-Soleil savait, à l'occasion, faire preuve d'une grande patience.

Pourtant, ne nous hâtons pas trop de conclure, car voici un autre

---

1. *Op. cit.*

son de cloche. Il nous est donné par Othon Guerlac[1] : « Dans les Mémoires de la duchesse d'Orléans, on lit : Il ne pouvait souffrir que l'on se fît attendre. »

Nous voici donc assez embarrassés pour orienter notre opinion personnelle...

---

1. *Les citations françaises*. 1933.

X

« MESSIEURS LES ANGLAIS, TIREZ LES PREMIERS ! »

mot authentique... et contresens historique.

Un jugement inique

Rien de plus facile que de présenter une contre-vérité tout en rapportant, cependant, un fait rigoureusement authentique. Pour dénaturer le sens primitif d'une chronique, ici, on glissera une réflexion personnelle, quelque peu tendancieuse ; là, on « oubliera » un détail, secondaire en apparence, mais, en réalité, d'importance capitale. Ceci fait, notre historien-prestidigitateur peut venir saluer la foule, on l'applaudira, le tour est joué.

S'il me fallait donner un exemple typique de ce genre de truquage, je renverrais sans plus à la phrase si connue — et d'ordinaire si mal comprise — que lança le comte d'Anterroches sur le champ de bataille de Fontenoy : « Messieurs les Anglais, tirez les premiers ! » Et je citerais pour mémoire le verdict si injuste rendu par un jury d'historiens bougons, s'essayant à nous prouver que ce trait de politesse nous valut simplement de perdre, à la première décharge de l'ennemi, quelque six cents hommes et plus de cinquante officiers.

Nous allons voir que ce jugement mérite révision.

Un coin de la bataille

Dérouillons, dérouillons, La Ramée,
Dérouillons nos fusils,
Le temps est venu de s'en servir,

chantaient gaiement, au début de la bataille de Fontenoy[1], en cette belle matinée ensoleillée du 11 mai 1745, les soldats du roi Louis XV. De fait, vers midi, grâce à l'habile manœuvre du maréchal Maurice de Saxe, les Français semblaient assurés du succès. Partout, les attaques hollando-anglaises avaient été repoussées avec de lourdes pertes pour l'adversaire, et, de l'avis des experts qualifiés, nous avions gagné la bataille.

Mais voici que, jouant le tout pour le tout, le duc de Cumberland, commandant les forces ennemies, décide de former, avec la presque totalité de ses régiments, une énorme colonne qu'il va lancer sur le centre français, et, bientôt, ce dernier se trouve enfoncé, culbuté, mis en déroute. Telle une marée montante, l'armée des Alliés, déployée sur six bataillons de front, avance irrésistiblement sans souci des pertes qu'elle subit, repoussant toutes les attaques, balayant tout sur son passage. La victoire semble avoir changé de camp[2].

La première ligne anglaise, après avoir franchi la crête d'une ondulation de terrain qui, un moment, masque les adversaires, débouche, tout à coup, face aux gardes-françaises. La troupe anglaise fait halte, et, aussitôt, des deux côtés, les officiers se préparent à s'avancer sur le front de leurs bataillons pour se saluer avant le combat, comme il convient entre gens de qualité.

Premier salut

Parmi les officiers qui commandaient les trois colonnes assaillantes, on distinguait quelques héritiers des plus beaux noms d'Angleterre : le comte d'Albermarle, Robert Churchill, fils naturel du marquis de Marlborough, lord Charles Hay, frère du marquis de Twedale. Les Anglais s'avancèrent jusqu'à une centaine de pas des gardes-françaises et, là, s'arrêtèrent pour rectifier l'alignement. Cette manœuvre terminée, les officiers anglais mirent galamment le chapeau à la main. De notre côté, le comte de Chabannes, le duc de Biron, ainsi que tous nos officiers, rendirent aussitôt la politesse.

1. Fontenoy est un petit village belge, situé à six kilomètres au sud de Tournay, sur la rive droite de l'Escaut.

2. Dans les annales militaires, il n'est guère d'exemple d'un revirement aussi prompt, aussi inattendu que celui que l'on put constater à Fontenoy.
Dans la matinée, les Français gagnent la bataille. Le maréchal Maurice de Saxe, appuyant son centre sur le village de Fontenoy, son aile droite sur le hameau d'Antoing et son aile gauche sur la corne du bois du Barry, repousse victorieusement les attaques des Hollandais et des Anglais, obligés de se retirer en désordre sous le feu de notre artillerie.
Mais, dès le début de l'après-midi, le duc de Cumberland, fils du roi d'Angleterre Georges III, regroupe ses forces et lance sur le centre français quatorze mille hommes en formation serrée. Notre armée, sur le point d'être coupée en deux, reflue en désordre sur Antoing et sur le bois du Barry. A ce moment-là, la bataille semble irrémédiablement perdue pour nous : il ne nous reste en réserve que la Maison du Roi... et quatre canons !
Avec ces quelques pièces d'artillerie, Maurice de Saxe arrivera à ouvrir une brèche en tête de la colonne anglaise et fait charger la Maison du Roi, tandis que notre infanterie, enfin rassemblée, va se livrer à des attaques méthodiques. En quelques minutes, la formidable colonne anglaise sera mise en déroute.
La victoire reste donc entre nos mains. Du côté français, on comptait 47 000 hommes en ligne, et 51 000 du côté de l'ennemi. Ce dernier laissait 14 000 hommes sur le terrain, alors que nos pertes s'élevaient à 7 000.

C'est alors que Charles Hay, capitaine commandant la compagnie de tête des gardes-anglaises, s'avança seul, la canne à la main, jusqu'à une cinquantaine de pas de nos lignes. Le comte d'Anterroches[1], lieutenant de grenadiers, se trouvait vis-à-vis de lui. Pensant que l'officier ennemi avait une communication à faire aux Français, d'Anterroches se porta aussitôt à sa rencontre. Lorsque les deux hommes se trouvèrent à une trentaine de pas l'un de l'autre, lord Hay, saluant à nouveau, dit à d'Anterroches : « Messieurs des gardes-françaises, tirez les premiers ! »

Il serait un peu simpliste de penser qu'à cet instant dramatique, où allait se décider le sort de la bataille, de grands seigneurs aient cru devoir se livrer pareil assaut de courtoisie. Et, de fait, il y a une explication à donner, où la question de courtoisie n'a pas à intervenir, au contraire ! En effet, selon les doctrines du temps, on considérait qu'une troupe venant de tirer se trouvait en état d'infériorité vis-à-vis de l'adversaire, et tous les manuels militaires de l'époque, tant du côté français que du côté anglais, stipulent qu'on a avantage à essuyer d'abord le feu de l'ennemi.

D'ailleurs, il serait bien imprudent d'affirmer qu'à ce moment-là, sur le champ de bataille de Fontenoy, régnait l'atmosphère des romans de chevalerie. J'inclinerais à croire que cette bataille acharnée ressemblait plutôt à ces combats rapportés par Homère, où les héros s'insultaient avant d'en venir aux mains. En effet, après avoir demandé aux Français d'ouvrir le feu, uniquement pour les raisons tactiques exposées ci-dessus, lord Charles Hay, faisant allusion à la déroute infligée aux gardes-françaises à la journée de Dettingen, ajouta avec un humour d'un goût discutable : « Attendez-nous, Messieurs, ne vous hâtez pas de vous mettre à la nage, l'Escaut n'est pas si facile à passer que le Mein[2]. »

Nous voici loin, on l'avouera, du ton aimable des salons du XVIIIe siècle.

La réponse du comte d'Anterroches

Donc, lord Charles Hay, capitaine des gardes-anglaises, venait de saluer d'Anterroches en lui demandant d'ouvrir le feu.

Une lettre du temps, non signée, et actuellement conservée à la bibliothèque de Nancy, assure que les gardes-françaises répondirent à l'invitation de l'Anglais par une fusillade nourrie. Mais les nombreux documents qui affirment le contraire nous obligent à ne pas tenir compte de ce témoignage : l'erreur de ce mémorialiste anonyme doit provenir de ce qu'il put y avoir, çà et là, de notre côté, quelques rares indisciplinés qui firent

---

1. Encore de nos jours, certains historiens hésitent sur l'orthographe de ce nom. Voltaire, dans le *Précis du siècle de Louis XIV*, affirme que le héros de cette journée est le comte d'Auteroche. Dans ses *Mémoires*, le maréchal de Saxe donne le nom d'Anterroche. Le duc A. de Broglie, dans son article de la *Revue des Deux Mondes* (15 juin 1887), consacré à « Fontenoy », écrit également : d'Anterroche. Les trois auteurs font erreur : le nom de l'officier est « d'Anterroches » ; la famille existe encore, il n'y a donc pas lieu de discuter plus longtemps.

2. Voltaire, et, à sa suite, la plupart des historiens français, négligèrent prudemment de rapporter la cinglante apostrophe de lord Charles Hay : d'abord, parce qu'elle rappelait une de nos récentes défaites ; et, surtout, parce qu'elle les gênait considérablement pour idéaliser l'épisode. Carlyle (Tome II), qui n'a aucune raison pour passer sous silence la moquerie de lord Charles Hay, rapporte les faits, sans coupure. D'autre part, nous savons que, dans une lettre adressée à son frère trois semaines après l'affaire de Fontenoy, Charles Hay se vantait d'avoir rappelé aux Français leur défaite de Dettingen.

parler la poudre sans attendre l'ordre des capitaines. Mais cette « tirerie », comme on disait alors, fut à la fois sans importance et sans effet.

D'Anterroches rendit le salut à son adversaire tout en lui répondant, d'une façon très ferme : « Monsieur, faites tirer vous-même, nous ne commencerons jamais ! »

Les deux officiers se saluèrent à nouveau, et chacun d'eux rentra dans le rang. Aussitôt après, les Anglais déclenchèrent un feu roulant qui faucha toute notre première ligne. La plupart de nos officiers — dont le comte d'Anterroches, atteint de sept balles — tombèrent sous cette rafale meurtrière.

Un contresens historique

Lorsqu'on place l'anecdote dans son cadre et qu'on l'étudie à la lumière des règlements de manœuvre de l'époque, on peut s'étonner de la légèreté de certains historiens s'obstinant à voir encore, dans l'épisode classique de Fontenoy, une puérile question de préséances.

Le véritable sens de l'épisode est celui que nous avons donné. Notons encore que le lieutenant d'Anterroches décline l'invitation du capitaine anglais, en alléguant que les Français ne tirent *jamais les premiers*. Or, « une troupe — écrit quelque part le maréchal Maurice de Saxe, celui-là même qui commandait nos troupes à Fontenoy — ne doit jamais se presser de faire feu la première, attendu que celle qui a tiré en présence de l'ennemi est une troupe défaite, si celle qui lui est opposée conserve son feu ». D'Anterroches se conformait donc à un ordre, d'ailleurs très strict, et que l'on trouve dans les meilleurs manuels militaires de la fin du XVIIIe siècle. Comment donc accuser d'incapacité cet officier des gardes-françaises, alors qu'il appliquait le règlement, à la lettre comme dans son esprit ?

D'ailleurs, s'il y avait eu faute professionnelle de la part du comte d'Anterroches, celui-ci, aussitôt rétabli de ses blessures, aurait eu à répondre devant ses chefs d'une parole si inconsidérée, cause directe de la mort d'un demi-millier d'hommes. Or, le comte d'Anterroches termina sa carrière comme lieutenant-général, comblé d'honneurs et de gloire. Il mourut à quatre-vingts ans. Et en sa mémoire, la caserne de Riom, en Auvergne, reçut le nom de « Quartier-Général-d'Anterroches ».

Il serait donc temps de redresser définitivement ce contresens historique dû à la malignité ou à l'ignorance. Aux deux, peut-être...

XI

« À MOI, D'AUVERGNE ! VOILÀ L'ENNEMI ! »

Un mot bien discuté

Le chevalier d'Assas est-il un « voleur de gloire » ?
Dans la nuit du 15 au 16 octobre 1760, alors que, en Westphalie, l'armée anglo-hanovrienne du prince de Brunswick tentait de surprendre nos avant-postes, le chevalier d'Assas, capitaine-commandant de quatre compagnies de chasseurs au régiment d'Auvergne, crut devoir pousser une reconnaissance jusqu'à un certain petit bois, situé à peu de distance du camp. Or, à peine d'Assas a-t-il pénétré dans les fourrés qu'il se trouve entouré de soldats anglais. Ceux-ci croisent leur baïonnette sur sa poitrine, le menacent d'une mort immédiate si, par un signe quelconque, il s'avise de donner l'alarme. Mais, faisant le sacrifice de sa vie, d'Assas avait lancé aussitôt, à pleins poumons, le cri célèbre : « A moi, d'Auvergne ! Voilà l'ennemi ! » Il tombe aussitôt, percé de coups. Dans le camp français, on vient d'entendre l'appel du chef ; on court aux armes ; la ruse de l'ennemi se trouve déjouée, et, grâce au sacrifice volontaire du chevalier d'Assas, notre armée est sauvée du désastre...

Voilà l'anecdote historique, telle qu'on l'a racontée à la suite de Voltaire qui, le premier, la mit en circulation. Aussi, depuis le XVIIIe siècle, se plaît-on à considérer le chevalier d'Assas comme une de nos plus pures gloires nationales.

Mais voilà que, par les soins de quelques érudits, notre héros risque fort de se trouver maintenant relégué dans la cohorte des « voleurs de gloire ».

En effet, d'après certains historiens, Lavisse entre autres, l'apostrophe « A moi, d'Auvergne ! » ne devrait pas être attribuée à d'Assas. L'auteur du « mot » serait en réalité un humble sous-ordre, le sergent Dubois. Comment, d'ailleurs, douter des faits, puisque nous possédons une précieuse relation de Grimm, témoin oculaire de la bataille de Clostercamp, où périrent à la fois le chevalier d'Assas et le sergent Dubois ? Laissons la parole au mémorialiste : « J'étais au camp de Rhinberg le jour du combat si connu par le dévouement d'un militaire français. Le mot sublime : « A moi, d'Auvergne ! Ce sont les ennemis ! » appartient au valeureux Dubois, sergent de ce régiment ; mais, par une erreur presque inévitable dans un jour de bataille, le mot fut attribué à un jeune[1] officier nommé d'Assas... Des renseignements positifs apprirent que le chevalier n'était pas seul entré dans le bois, mais accompagné de Dubois, sergent de sa compagnie. Ce fut celui-ci qui s'écria : « A nous, etc. » Le chevalier fut blessé en même temps, mais il n'expira pas sur le coup, comme Dubois ; et une foule de témoins affirmèrent à M. de Castries[2] que cet officier avait souvent répété à ceux qui l'avaient transporté au camp : « Enfants, ce n'est pas moi qui ai crié, c'est Dubois. » A mon retour à Paris, on ne parlait que du beau trait du chevalier d'Assas ; mais il n'était pas plus question de Dubois que s'il n'eût jamais existé. Je ne pus convaincre personne... »

Grimm est bien dédommagé de sa peine puisque, en fin de compte, il est parvenu à rallier à sa thèse nombre d'érudits modernes, et non des moindres. Le sergent a maintenant hérité de la gloire du chevalier : revues spécialisées, ouvrages de vulgarisation, articles dans les quotidiens, parfois même livres de classes ont fait enfin justice de la légende. Et tout le monde sait actuellement à quoi s'en tenir sur le rôle joué par d'Assas à la bataille de Clostercamp.

Or, en l'occurrence, « tout le monde » pourrait bien avoir tort.

Le chevalier d'Assas ne saurait être considéré comme un « voleur de gloire ». C'est un héros bien authentique ; nous allons le prouver.

Des références historiques plutôt fantaisistes

Pour étayer leur thèse, Lavisse et l'école historique contemporaine s'appuient, nous venons de le voir, sur les révélations contenues dans les *Mémoires politiques et anecdotiques* du baron de Grimm, ouvrage qui parut en 1829, date un peu tardive ; mais on nous assure, d'ailleurs sans preuve, que l'ouvrage fut composé aux environs de 1760.

Avant tout, il faut noter que ces *Mémoires* de Grimm sont, maintenant, considérés comme l'œuvre d'un faussaire. Personne ne put jamais tenir en main le manuscrit original. Quant à la copie, elle présente, comme on va s'en rendre compte, des invraisemblances assez troublantes.

Le baron Grimm — ou, tout au moins, celui qui prit occasionnellement ce nom — précise au début de son anecdote que, le jour du combat de

---

1. Le chevalier d'Assas était né en 1733. Il mourut donc à l'âge de vingt-sept ans.
2. Le marquis de la Croix de Castries, lieutenant-général, commandait les troupes françaises opposées au prince de Brunswick.

Clostercamp, il se trouvait au camp de Rhinberg. Malheureusement pour l'auteur de ces *Mémoires*, le véritable Grimm, à la date du 16 octobre, séjournait à Paris : sa correspondance en fait foi.

De plus, cet étrange dispensateur de gloire posthume nous apprend qu'à son retour à Paris « on ne parlait que du beau trait du chevalier d'Assas ». Or — nous en aurons des preuves formelles — le grand public n'apprendra l'anecdote que... huit ans après. Certes, les officiers du régiment d'Auvergne conservaient pieusement le souvenir de leur camarade d'Assas et de sa mort glorieuse. Mais l'épisode restait encore inconnu des historiens et des anecdotiers. A telles enseignes que Voltaire, publiant en 1768 son *Précis de l'histoire de Louis XV*, ne fera pas la moindre allusion à la conduite sublime du héros de Clostercamp. Dès la parution de l'ouvrage, le chevalier de Lorry, lieutenant-colonel du régiment d'Auvergne et ancien compagnon d'armes du chevalier d'Assas, s'empressera d'écrire à Voltaire pour lui signaler cet oubli regrettable. La lettre de Lorry est du 14 octobre ; dès le 26, Voltaire répond à l'officier pour le remercier du précieux renseignement qu'il lui donne, et l'auteur informe son correspondant qu'il va, sans retard, rédiger une « addition » qu'on enverra à tous les libraires. Le 12 novembre de cette année, le « patriarche de Ferney » adresse une missive au duc de Choiseul pour lui signaler la conduite intrépide du chevalier d'Assas dans l'affaire de Clostercamp[1]. Conçoit-on que Voltaire aurait eu besoin de conter ce « beau trait » au ministre si, huit ans auparavant, comme nous l'affirme le pseudo Grimm, « tout Paris » en avait parlé ?

On pourrait aisément multiplier les citations prouvant que nous nous trouvons ici devant une mystification. Mais à quoi bon insister, puisque l'on connaît aujourd'hui les sources auxquelles a puisé le faussaire !

Car notre prétendu Grimm s'est contenté de copier, de démarquer certain récit de la bataille de Clostercamp paru depuis déjà six ans dans un ouvrage assez suspect : *Les Mémoires anecdotiques pour servir d'histoire à la Révolution*. A parler franchement, l'auteur de ce livre nous inspire peu de confiance. Il se nomme Lombard et se fait appeler Lombard de Langres. D'abord ambassadeur du Directoire en Hollande, puis conseiller à la Cour de Cassation, il se hasarde ensuite, et assez maladroitement, dans le domaine de l'histoire. Il compose en premier lieu un *Recueil de faits particuliers et anecdotes secrètes pour l'histoire de la Révolution* ; mais bientôt il se voit obligé de retirer l'ouvrage de la circulation, à la suite des démentis formels que lui inflige le maréchal Lefebvre, cité en référence au cours de l'ouvrage. Toutefois, en 1820, Lombard réédite son essai, fortement remanié, et qui paraîtra cette fois sous un titre... assez bien choisi : *Mémoires d'un sot, contenant des niaiseries historiques, révolutionnaires et*

---

1. L'année suivante, Louis XV, poussé par l'opinion publique, promet une pension à la famille du chevalier défunt ; mais, en fait, aucun chiffre n'est arrêté, aucune rente n'est payée. Il faut attendre Louis XVI pour qu'une pension perpétuelle et héréditaire de 1 000 livres soit accordée à l'aîné des descendants de la famille d'Assas. Dans la nuit du 4 août 1789, fatale aux privilèges de l'Ancien Régime, on s'accorda à faire respecter par la Nation cette dette d'honneur. Cependant, à partir de 1793, on négligea de la payer. La pension ne sera rétablie qu'en 1806, par décret.

politiques. Ce fut un beau succès de librairie. Aussi, dès 1823, notre auteur, mis en goût, retouche encore son livre, y ajoute quelques chapitres « inédits », et lance une troisième édition de son ouvrage, intitulé maintenant : *Mémoires anecdotiques pour servir à l'histoire de la Révolution française*.

C'est dans ce volume imprimé en 1823 que nous voyons apparaître la figure du sergent Dubois, dont tout le monde ignorait, jusqu'ici, et le nom et les hauts faits. Lombard, en effet, nous déclare que son père, autrefois sergent-major au régiment d'Auvergne, assista à l'engagement de Clostercamp. Mais, assure le mémorialiste, « c'est le sergent Dubois qui a crié la « phrase historique[1], et non pas le chevalier d'Assas ». Assertion gratuite, sans aucune preuve à l'appui ; révélation un peu tardive, arrivant plus de soixante ans après les événements qu'on rapporte. Le père de Lombard, unique témoin de l'affaire, est mort depuis longtemps ; et, d'autre part, l'auteur reconnaît sincèrement qu'au ministère, où l'on dépouilla minutieusement les dossiers militaires contemporains de la guerre de Sept ans, on ne put obtenir confirmation de cette version.

Ainsi donc, le sergent Dubois, considéré encore aujourd'hui par toute une école d'érudits comme le « héros » de Clostercamp, se présente avec des références historiques plutôt insuffisantes. En effet, comme on vient de s'en rendre compte, nous possédons simplement, comme preuves de son existence, deux passages assez peu convaincants par eux-mêmes : l'un tiré des *Mémoires* apocryphes de Grimm, datés de 1829 ; l'autre extrait d'un ouvrage composé en 1823 par une sorte de fantaisiste doublé d'un faussaire.

Pour écrire à nouveau l'histoire, nous ne saurions, décidément, faire cas de ces « *histoires* ».

Un régiment qui a bonne mémoire

Il est un peu déconcertant de voir des historiens éprouvés aller chercher ainsi une documentation plus que discutable dans des « mémoires » apocryphes et dans des ouvrages suspects, alors que nous possédons par ailleurs, et en quantité, des renseignements de première main sur l'épisode de Clostercamp.

Car l'exploit du chevalier d'Assas ne pouvait passer inaperçu ni de ses camarades, ni de ses supérieurs hiérarchiques. Plusieurs officiers du régiment d'Auvergne ne manquèrent point de consigner par écrit, dans leur « journal », les détails de cette mort héroïque ; et, chose curieuse, aucun de ces témoins ne nous parle du sergent Dubois, alors que tous s'accordent à attribuer le « mot », nommément, au chevalier[2].

---

1. D'après Lombard, Dubois aurait proféré ces mots : « Tirez, chasseurs, voilà les ennemis ! »
2. Voici quelques références :
— *Journal historique du régiment d'Auvergne*, composé peu après 1760 par un camarade du chevalier d'Assas, et imprimé en 1767.
— Lettre (14 octobre 1768) du chevalier Lorry, lieutenant-colonel du régiment d'Auvergne, à Voltaire.
— Pièce de vers du chevalier de Villemejeanne, capitaine au même régiment.
— Article rédigé dans le *Journal des Dames* (mars 1778) par le chevalier de Saint-Julien, capitaine au même régiment.

Il est vrai que certains chercheurs, maniant plus aisément le syllogisme que les pièces d'archives, répondent que, sous l'Ancien Régime, le soldat plébéien ne comptait guère. Sur le champ de bataille, seul le noble avait le droit d'accomplir une action d'éclat. Dans des annales militaires rédigées par des aristocrates, il est donc tout à fait normal qu'un obscur sergent cède la place d'honneur à son chef, un chevalier riche de plusieurs quartiers de noblesse.

Mais, en l'espèce, l'argument est irrecevable. D'abord, le comte de Rochambeau, colonel du régiment d'Auvergne au moment de l'affaire de Clostercamp, n'hésite pas à attribuer, en certaine occasion, un rôle prépondérant à un simple sous-ordre, démuni de toute particule. Voici, par exemple, ce que nous pouvons lire dans les *Mémoires* de Rochambeau : « Charpentier, caporal de chasseurs, fut le premier qui découvrit l'ennemi dans cette nuit très noire ; il me mena sur cette colonne [ennemie] qui fit feu sur nous. etc. » On ne saurait donc accuser certains officiers, porteurs des plus beaux noms de France, de ne point citer à l'occasion les noms obscurs de leurs soldats. Rochambeau souligne la perspicacité du caporal Charpentier. Pourquoi n'eût-il pas parlé du sergent Dubois ?

Mais d'autres raisonneurs insinuent qu'un capitaine ne s'en va pas seul en reconnaissance ; d'ordinaire, il se fait escorter par quelques hommes. Sans doute, le chevalier se trouvait-il accompagné d'un gradé subalterne qui dut partager son sort. Ce gradé s'appelait-il Dubois, ou Durand, ou Dupont ? Est-ce ce Dubois, ce Durand, ce Dupont qui a crié : « A moi, d'Auvergne ! »

Ici encore, pure hypothèse. Tant qu'un document irréfutable ne viendra pas confondre d'imposture les sept témoignages que nous possédons et qui proviennent de sept officiers du régiment d'Auvergne présents à la bataille de Clostercamp, il faut s'interdire d'« arranger » l'histoire.

Une histoire truquée à plaisir

Le mot du chevalier d'Assas semble donc être d'une authenticité indiscutable.

Ce qui l'est moins sans doute, ce sont les détails romantiques dont Voltaire se plut à émailler le récit original ; et, en bons moutons de Panurge, les historiens ont répété à l'envi l'anecdote fantaisiste « brodée » par le grand écrivain — cette anecdote que l'on nous conta jadis, si gravement, sur les bancs de l'école, et qu'on lit encore de nos jours dans la plupart des manuels.

Or, la vérité se présente de façon assez différente. Et, sans rien ôter à la gloire du chevalier d'Assas, il convient de rétablir exactement les faits. Travail assez facile d'ailleurs, grâce aux diverses relations laissées, après la bataille de Clostercamp, par certains officiers du régiment d'Auvergne.

—Lettre adressée au *Moniteur* (2 mars 1791) par le vicomte de Laval-Montmorency.
—Lettre adressée au *Moniteur* (2 mars 1791) par le chevalier de Laborie, ancien capitaine au même régiment.
—*Mémoires*, publiés en 1809, du comte de Rochambeau, colonel du chevalier d'Assas en 1760. J'emprunte cette bibliographie à l'excellent ouvrage malheureusement rarissime, de J. Despetis : *Le chevalier d'Assas*, Montpellier, 1908. On trouvera dans ce livre très documenté des solutions historiques de plusieurs problèmes se rapportant à d'Assas et à sa famille.

Reprenons les faits. En octobre 1760, on est à ce moment-là en pleine guerre de Sept ans ; la coalition anglo-hanovrienne essaie, par une manœuvre foudroyante, d'encercler l'armée française. Mais le marquis de La Croix de Castries, qui commande nos forces, devine le plan de l'adversaire, alerte nos troupes de couverture et les fait bivouaquer sous les armes : ainsi le gros de notre corps expéditionnaire en Prusse est protégé de toute surprise par une avant-garde de trois mille hommes, échelonnés de Rhinberg jusqu'à l'abbaye de Camp.

Et voilà que, dans la nuit du 15 au 16 octobre, les bataillons hanovriens, marchant dans le plus grand silence, commencent à tourner l'extrémité de notre aile gauche, en partie constituée par les chasseurs du régiment d'Auvergne. Un caporal de ce régiment, du nom de Charpentier, est le premier à s'apercevoir de ce mouvement d'encerclement ; aussitôt, il en réfère à son colonel, le comte de Rochambeau ; dans la nuit noire, le colonel et le caporal s'avancent pour tâcher de reconnaître la nationalité de ces troupes. Sur ces deux patrouilleurs indiscrets, une colonne saxonne est bien obligée d'ouvrir le feu et de déceler ainsi sa présence.

Sans perdre un instant, Rochambeau distribue ses ordres : on tirera alternativement par demi-compagnie, et, pour donner aux renforts le temps d'arriver, on devra périr sur place plutôt que de reculer.

Mais l'adversaire n'est pas à court de ruses, et il va user d'un nouveau stratagème, assez déloyal à la vérité. Aux « Qui vive ? » de nos sentinelles, les éclaireurs anglo-hanovriens répondent : « Fischer ! », qui est le nom d'un régiment français. Trompés par cet artifice, plusieurs de nos avant-postes sont faits prisonniers. Mais d'autres officiers se rendent compte qu'il se passe quelque chose d'anormal : comment admettre, en effet, que des formations françaises abordent ainsi le front de bataille, en venant... de la direction où se trouve l'ennemi ? Cependant, dans la crainte d'une méprise fatale, on hésite encore à commander le feu sur des colonnes qui, après tout, pourraient bien être françaises...

Sur la droite, le régiment de Normandie, qui venait de reconnaître, en face de lui, des troupes saxonnes, commençait à tirailler. A son tour, le chevalier d'Assas se préparait à ouvrir le feu sur ces formes mouvantes dans la nuit ; mais voilà qu'un officier mal informé vient lui annoncer qu'on se fusillait entre Français. Il fallait donc, à tout prix, s'assurer de l'identité des troupes qui s'avançaient ainsi sur les nôtres. L'instant était grave.

Entre le régiment d'Auvergne et le canal de Rhinberg s'étendait alors un terrain découvert, parsemé de haies et de bruyères[1]. Résolument, d'Assas se porte en avant des lignes. Bientôt, il est à même de reconnaître les uniformes saxons, et, sans s'inquiéter davantage du sort qui l'attend, il lance le célèbre cri d'alarme : « A moi, d'Auvergne ! Voici l'ennemi ! » Aussitôt, il tombe, percé de coups, tandis que nos chasseurs ouvrent un

---

1. A l'emplacement où, selon la légende chère à Voltaire, devait s'élever un bois, il n'y avait, en effet, que de vagues buissons, qui ne pouvaient servir à des soldats ennemis pour organiser une embuscade. De plus, la version de Voltaire est inacceptable, car les règlements militaires ont toujours interdit d'installer un camp à proximité d'un bois sans avoir fouillé ce dernier au préalable.

feu nourri sur l'assaillant. Le combat va commencer[1].

Dans ces conditions, il serait un peu exagéré de considérer le chevalier d'Assas comme le sauveur de l'armée française au moment où cette dernière allait être surprise par les forces anglo-hanovriennes, puisque le régiment de Normandie se trouvait déjà engagé, et que, depuis un grand moment, le caporal Charpentier avait signalé la présence de l'ennemi à son colonel.

Inutile de surenchérir sur un pareil acte d'héroïsme, si beau en lui-même, et d'en romancer les détails. Au point de vue tactique, d'Assas ne joua, à la bataille de Clostercamp, qu'un rôle très épisodique[2], ce qui ne diminue en rien la valeur de son sublime sacrifice.

En résumé, entre les insinuations d'un Lavisse contre d'Assas et les broderies louangeuses d'un Voltaire, il y a place pour la vérité du mot historique, et pour la gloire du vaillant chevalier.

---

1. Ajoutons que les instructions données par Rochambeau furent strictement exécutées : le régiment d'Auvergne ne recula pas d'un pouce, et cette résistance acharnée permit au gros de nos troupes d'accourir et de mettre en déroute l'armée anglo-hanovrienne. Plus de la moitié de l'effectif du régiment d'Auvergne fut tuée ou blessée au cours de cette affaire ; et, sur quatre-vingts officiers, cinquante-huit restèrent sur le terrain.

2. Ce qui le prouve bien, ce sont les réactions du marquis de la Croix de Castries, qui, du côté français, dirigeait les opérations. Lorsqu'on parla d'accorder une pension à la famille d'Assas en souvenir de l'héroïsme du chevalier, de Castries n'éleva aucune objection. Bien au contraire, le marquis félicita publiquement le baron d'Assas de l'héroïque exploit de son frère le chevalier. Mais lorsque, un peu plus tard, certains membres de la famille d'Assas demanderont au roi la permission d'accoler à leur nom celui de Clostercamp. le marquis de Castries, véritable vainqueur de cette bataille, s'y opposera, en alléguant que cette victoire, attachée à son nom, lui appartient en propre et qu'on ne saurait l'en frustrer. Et le marquis obtint gain de cause.

XII

« FRANCE, TON CAFÉ F... LE CAMP ! »

Le « cabinet du café du Roy »

Il est, à Versailles, dans les combles du château, une suite de petits appartements dont la charmante intimité contraste singulièrement avec l'apparat, la solennité des pièces du premier étage. Ces minuscules boudoirs, ces salons-miniatures à la décoration délicate, que l'on désignait, à la fin du XVIIIe siècle, sous le vocable de « petits cabinets du Roy », furent les appartements de Jeanne Bécu, plus connue, à partir de 1769, sous le nom de comtesse du Barry.

La favorite de Louis XV voulut transformer ces pièces à son goût, un goût douteux de parvenue. Sur les ordres de la jeune femme, le marquis de Marigny, directeur des Bâtiments du Roy, dut prodiguer l'or dans la décoration des murs et des meubles ; le délicat vernis Martin qui colorait délicieusement les boiseries disparut devant l'invasion d'une dorure plus provocante[1].

Au retour de Fontainebleau, en décembre 1770, Mme du Barry s'installait dans ces anciennes mansardes. Sa chambre à coucher se trouvait juste au-dessus de celle de Louis XV ; la cheminée de marbre blanc s'encadrait de deux panneaux arrondis, dont l'un, admirablement truqué, dissimulait un passage secret qu'empruntait d'ordinaire le monarque. La salle à manger donnait sur la Cour des Cerfs, de même que l'antichambre et la salle de bains. Détail utile à noter pour notre étude présente : plusieurs petits cabinets attenants étaient utilisés pour le service.

---

1. Pour plus de détails sur les arrangements de ces « petits cabinets du Roy » voir, dans la *Revue hebdomadaire* de 1908, l'étude de M. Claude Saint-André.

De bonne heure, comme on sait, la favorite eut mauvaise presse : ses caprices ruineux, son caractère léger et sa tête folle lui assurèrent bientôt, aussi bien à la Cour qu'à la ville, une réputation désastreuse. Ce qu'on n'arrivait pas surtout à lui pardonner, c'était sa basse extraction qui s'affirmait à tout propos, et souvent hors de propos, par des traits, par des paroles plus ou moins vulgaires, bien que souvent pittoresques. Ne conte-t-on pas qu' « elle traitait le « vieux roi[1] comme un valet de comédie, l'appelant La France, le tutoyant » ? On connaît l'anecdote célèbre, dont le parti Choiseul se divertit si fort et qui amusa tant le frère du grand Frédéric, le prince Henri de Prusse : Louis XV, qui avait coutume de faire lui-même son café dans le boudoir de la du Barry, papillonnait autour de la comtesse, occupée à ce moment-là à se poser des mouches devant sa psyché ; et comme l'infusion, en bouillant, tombait sur le feu, la favorite cria au monarque : « Eh ! La France... ton café f... le camp ! »

Le mot, comme on pense, connut un beau succès. Son air canaille ne pouvait manquer d'être souligné par les ennemis de la favorite et les détracteurs du régime. Assurément, de cette petite histoire amusante, la royauté ne sortait point grandie, et, sans doute, est-ce pour cette raison que la phrase de Jeanne Bécu devint, par les soins de quelques politiciens, une sorte de « slogan » contre-publicitaire, destiné à diminuer le prestige de la monarchie.

Mais, étaient-ils bien fondés à l'utiliser ?

On croit tourner le roi, et on tourne le valet

En avril 1923, Mlle Cécile Sorel jouait, sur la scène d'un théâtre des Champs-Elysées, une pièce dite « historique » : *Maîtresse de Roi*. L'auteur avait mis à la scène la du Barry ; et la favorite ne manquait pas, selon la tradition, de crier cavalièrement à Louis XV : « Eh ! La France ! Prends garde... ton café f... le camp ! »

Pourtant, quarante ans auparavant, un érudit, Charles Vatel, avait déjà protesté contre l'adoption par l'Histoire de ce mot qu'il déclarait absolument faux.

En effet, en classant certains papiers de la favorite, notre chercheur trouva plusieurs mémoires du tailleur parisien Carlier, qui se permettait de rappeler à sa cliente que « le 30 mai 1770, il avait fourni pour Augustin, *La France*, François et Etienne, valets de pied de Mme la comtesse du Barry, quatre frack (sic) de baracan bleu ». A nouveau, le 1er juin 1770, Carlier demande le règlement de « quatre redingotes et huit douzaines de gros boutons à mille pointes, vestes du matin à bavaroise pour *La France*, Mathurin et Courtois. » Le 3 janvier 1771, on trouve à nouveau facture d' « une veste de ratine pour *La France* ». Le 4 janvier 1772, nous voyons le même tailleur livrer des « redingotes de drap gris pour *La France* et Picard ».

D'après ces documents, on voit donc que La France était un valet de

---

1. Louis XV était, en 1770, âgé de soixante ans.

pied qui, de 1770 à 1772, resta au service de la favorite. Or, nous avons noté tout à l'heure que Mme du Barry s'installa à Versailles, dans les « petits cabinets du Roy », en décembre 1770. La France assurait donc son service dans ces appartements, où, plusieurs fois par jour, montait le roi. A cette époque, on tutoyait les valets et on les appelait familièrement par leur sobriquet. Dans ces conditions, on conviendra que la du Barry pouvait appeler : « La France ! » sans s'adresser nullement au souverain.

D'ailleurs, d'après M. de Mercy, qui a pris connaissance, à l'époque, de la correspondance échangée entre la favorite et le roi, ils ne se tutoyaient point. Et lorsque la du Barry s'adressait à Louis XV, elle ne parlait jamais qu'à la troisième personne.

Il faut dire aussi que, contrairement à la légende, Louis XV ne présidait pas en personne à la confection de son café. Dans les pièces gracieusement aménagées sous le toit du palais, il existait un petit réduit, bien connu des intimes sous le nom de « cabinet du café du roy » : c'est là que les domestiques préparaient les infusions. D'ailleurs, dans le *Registre des magasins*, cette pièce se trouve désignée comme le « cabinet à pan où l'on fait le caffé du roy ».

Il nous est facile, désormais, de reconstituer la scène. La du Barry avait sans doute l'habitude d'appeler son valet par des « La France ! » assez énergiques. Un familier, probablement doublé d'un pamphlétaire avisé, commit une confusion voulue, et, pour les fins que l'on devine sans peine, il lança en circulation cette histoire où le sobriquet du valet, appliqué au roi de France, devenait une apostrophe irrespectueuse et grossière.

ALLEZ DIRE A VOTRE MAITRE,... (MIRABEAU)

XIII

« ALLEZ DIRE À VOTRE MAÎTRE QUE NOUS SOMMES ICI PAR LA VOLONTÉ DU PEUPLE, ET QU'ON NE NOUS EN ARRACHERA QUE PAR LA FORCE DES BAÏONNETTES ! »

Un symbole républicain

Il existe, à la Chambre des Députés, un bas-relief de bronze signé du sculpteur Dalou : le sujet évoque la fin tumultueuse de la séance des Etats généraux du 23 juin 1789. Sur la gauche, se détache la silhouette du marquis de Dreux-Brézé, grand maître des cérémonies. L'artiste a représenté ce personnage au moment où il pénètre dans la salle de l'hôtel des Menus, à Versailles, pour rappeler aux représentants du tiers état que le roi leur réitère l'ordre de se retirer. Mais, voici que, au centre, s'avance Mirabeau, torse bombé, visage crispé, index menaçant, jambe avantageuse ; et, en réponse aux injonctions de l'envoyé de Louis XVI, le fougueux tribun lance cette phrase mémorable : « Allez dire à votre maître que nous sommes ici par la volonté du peuple et qu'on ne nous en arrachera que par la force des baïonnettes ! »

Dans notre actuelle Chambre des Députés, cette œuvre d'art est considérée, on s'en doute bien, non point comme un simple panneau décoratif, mais plutôt comme un symbole républicain chargé de rappeler aux générations dans quelles conditions s'ouvrit, en 89, la lutte entre la monarchie et le peuple.

Ce symbole, avant de l'accepter comme une vérité historique, il semble peut-être utile d'en vérifier les détails matériels, et je crois qu'il convient, en tout premier lieu, d'interroger les trois principaux acteurs de ce petit drame : le président Bailly, à qui vint obligatoirement s'adresser Dreux-Brézé ; — ensuite, Dreux-Brézé lui-même ; — et, enfin, Mirabeau, l'auteur présumé de l'apostrophe.

Bailly la girouette

Il y avait, au sein de l'Assemblée, un homme bien placé, semble-t-il, pour entendre et pour noter la mercuriale de Mirabeau : c'est Bailly, président de cette même Assemblée Nationale, et qui, en raison de ses fonctions, apostilla le procès-verbal de cette séance mouvementée du 23 juin 1789. Or, nous chercherions en vain, dans cette pièce d'archives où se trouve le compte rendu des débats, la moindre allusion au mot que l'histoire attribue à Mirabeau : on s'en rendra compte en parcourant le passage qui nous intéresse.

« Peu de temps après la retraite du roi, une partie de MM. du clergé et de MM. de la noblesse s'étant retirée, le grand maître des cérémonies s'est approché de M. le président et lui a dit qu'il avait entendu l'ordre du roi de se retirer. M. le président lui a répondu qu'il ne pouvait séparer l'Assemblée qu'elle n'eût délibéré librement sur ce sujet. Le grand maître des cérémonies a dit qu'il allait rendre compte de cette réponse au roi. »

Au bas du document, nous trouvons, comme il convient, la signature du président Bailly, et les parafes des deux secrétaires Camus et Pison du Galland. Dans ce texte, pas la moindre trace du « mot » de Mirabeau.

Si nous feuilletons les *Mémoires* de ce même Bailly, nous allons trouver les faits rapportés d'une façon fort différente : l'auteur nous contera qu'après le départ de Louis XVI, des représentants de la noblesse et d'une partie des députés du clergé, il vit s'approcher le grand maître des cérémonies. Dreux-Brézé répéta l'ordre du roi ; mais, très fermement, Bailly répondit que « la Nation assemblée » ne pouvait recevoir d'ordres.

Après s'être défendu d'avoir, en ce qui le concernait, manqué de respect à l'envoyé de Louis XVI, Bailly rapporte le mot du tribun : « A la vérité, Mirabeau prit la parole et, s'emportant contre le grand maître des cérémonies, dit *à peu près ce qu'on a répété depuis*[1] : « Allez dire à ceux qui vous envoient que la force des baïonnettes ne peut rien contre la volonté de la Nation ! » On a beaucoup loué cette réponse qui n'en est pas une, mais une apostrophe que Mirabeau ne devait pas faire, puisque le président était là, et qui, en même temps que déplacée, était hors de toute mesure. »

Nous marquerons ici quelque embarras. A qui, en définitive, accorder notre confiance ? Au Bailly qui, le 23 juin 1789, signa ce procès-verbal où ne se trouve même pas cité le nom de Mirabeau ? Ou au Bailly qui, deux ans après la fameuse séance, décrira cette même scène en attribuant à Mirabeau un rôle de premier plan ?

1. Ces mots ne sont pas soulignés dans le manuscrit. Je les transcris ici en italique pour attirer l'attention du lecteur sur l'imprécision des souvenirs de Bailly.

A mon avis, aucun de ces témoignages ne présente de garanties absolues.

En tant que président de l'Assemblée Nationale, Bailly, qui connaissait à fond son métier de politicien, se devait d'escamoter avec adresse, dans le compte rendu de la session, tous les incidents soulevés maladroitement par les hommes de son groupe. D'ailleurs, un procès-verbal de séance politique ne vise pas, d'ordinaire, à reproduire nécessairement toutes les paroles prononcées, surtout celles qui pourraient desservir les intérêts du parti. A quoi bon, dans ces conditions, nous attarderions-nous à étudier une pièce officielle, peut-être incomplète, et tendancieuse ?

Devrons-nous plutôt adopter la seconde version que consigna Bailly dans ses *Mémoires*, écrits deux ans après la séance du 23 juin 1789 ? Pas davantage. Tout à l'heure, au passage, nous avons noté l'imprécision un peu inquiétante de l'auteur : « Mirabeau dit à peu près ce qu'on a répété depuis. » Nous aurions préféré autre chose que cet « à peu près » ; et il nous sera aussi permis de déplorer que, pendant ce long intervalle, tant de personnes aient « *répété* » (et sans doute plus ou moins déformé) ce mot historique. Il faut bien le dire, en cette même année 1791, la société des Jacobins venait de commander à Houdon, sur la motion de Barnave, le buste de Mirabeau, récemment décédé, et sur le socle de la statue on avait gravé la phrase mémorable. Il nous sera permis de nous demander si Bailly ne commit pas, en l'occurrence, une légère confusion en consignant dans ses *Mémoires* non le mot qu'il avait entendu en 1789, à Versailles, mais plutôt l'inscription qu'il put lire en 1791 sur le buste du tribun. Du reste, dans le brouhaha indescriptible qui marqua la fin de la séance royale des Etats généraux, il est normal que Bailly n'ait pas saisi exactement les paroles de Mirabeau.

En tout cas, le témoignage trop « double » de Bailly ne nous permet point de nous faire une opinion sur l'authenticité du « mot » de Mirabeau.

Dreux-Brézé le silencieux

Il semble que le marquis Henri-Evrard de Dreux-Brézé était assez bien placé pour entendre — et retenir — la véhémente apostrophe que lui décocha à brûle-pourpoint l'impétueux Mirabeau. Malheureusement pour l'histoire du « mot », c'est seulement au retour de l'émigration, sous le règne de Louis XVIII, que l'ancien grand maître des cérémonies de Louis XVI s'avisa de vouloir rectifier le récit traditionnel. Mais le monarque, ne jugeant pas opportun de raviver à ce moment-là les passions politiques, s'opposa à ce que l'on réveillât les polémiques révolutionnaires. Et nous voilà frustrés de la déposition du principal témoin !

Mais, d'une façon assez inattendue, le fils de ce même Henri-Evrard de Dreux-Brézé, membre de la Chambre des Pairs sous Louis-Philippe, aura, le 9 mars 1833, l'occasion de défendre publiquement la mémoire de son père — ce qui nous vaudra de connaître la version conservée par la famille du marquis.

En cette séance du 9 mars, en effet, de Villemain soutenait un projet tendant à pensionner les vainqueurs de la Bastille et, à ce propos, l'orateur, évoquant les premières heures de la Révolution, ne manqua point de faire l'allusion obligatoire à la vibrante réponse de Mirabeau. Le *Moniteur Universel* nous rapporte ainsi le discours de Villemain : « M. le marquis de Dreux-Brézé, appuyant et répétant un ordre imprudent qui avait été suggéré au vertueux et infortuné Louis XVI, prescrivait à l'Assemblée Nationale de se dissoudre et de se séparer en trois ordres... Vous savez les terribles et foudroyantes paroles qui furent alors prononcées par le grand orateur : « Allez dire à votre maître que nous sommes ici par la volonté du peuple... » Je n'achève pas. Le jour où ces paroles furent prononcées, messieurs, l'insurrection commençait et la Bastille était prise. »

Aussitôt, le fils de Dreux-Brézé se lève et demande la parole pour s'essayer à corriger l'histoire, en s'appuyant sur ses traditions familiales : « Mon père fut envoyé pour demander la dissolution de l'Assemblée Nationale. Il y arriva couvert, c'était son devoir, il parlait au nom du roi. L'Assemblée, qui était déjà dans un état d'agitation, trouva cela mauvais. Mon père, en se servant d'une expression que je ne veux pas rappeler, répondit qu'il resterait couvert, puisqu'il parlait au nom du roi. Mirabeau ne lui dit pas : *Allez dire à votre maître...* J'en appelle à tous ceux qui étaient dans l'Assemblée et qui peuvent se trouver dans cette enceinte ; ce langage n'aurait pas été admis. Mirabeau dit à mon père : *Nous sommes assemblés par la volonté nationale, nous ne sortirons que par la force.* Je demande à M. de Montlosier si cela est exact. » (Le *Journal des Débats* rapporte que l'interpellé opina, de façon affirmative.) « Mon père répondit à M. Bailly : « Je ne puis reconnaître dans M. Mirabeau que le député du baillage d'Aix, et non l'organe de l'Assemblée. » Le tumulte augmenta ; un homme contre cinq cents est toujours le plus faible ; mon père se retira. Voilà, messieurs, la vérité dans toute son exactitude. »

Si le témoignage est un peu tardif, il ne manque pas, avouons-le, d'un certain accent de sincérité. Mais cette preuve, essentiellement morale, peut-elle suffire ? J'en doute. En dépit du signe affirmatif de Montlosier, nous regretterons que la version conservée dans la famille de Dreux-Brézé n'ait point été authentifiée par un certain nombre de témoins de premier plan, tout au moins dès le retour de Louis XVIII. Et, sans mettre aucunement en doute la véracité de la déclaration du fils de Dreux-Brézé, il nous sera permis de dire que la moindre précision, de la part du père, eût reçu de l'histoire un accueil encore plus favorable.

Mirabeau le Barnum

Puisque Bailly, président de la séance du 23 juin 1789, ne nous fournit que des renseignements contradictoires, puisque Dreux-Brézé, en raison des ordres de Louis XVIII, ne peut nous donner le témoignage circonstancié que nous attendions, adressons-nous à Mirabeau lui-même, et voyons si, dans les papiers du tribun, nous n'arrivons pas à glaner quelque détail curieux et utile.

Mirabeau était trop soucieux de sa publicité pour ne pas faire un certain bruit autour de cette apostrophe dont il revendique de bonne heure la paternité. Dans sa *Troisième lettre à mes commettants*, le député du baillage d'Aix ne manqua point de brosser un tableau de la séance, et de s'adjuger, naturellement, un rôle fort avantageux : décrivant avec complaisance son interruption, il « oublie » de mentionner la réponse du président Bailly à Dreux-Brézé ; puis, il rapporte qu'il refusa au maître des cérémonies le droit de parler au nom du roi : « Oui, monsieur, nous avons entendu les intentions qu'on a suggérées[1] au roi, et vous ne sauriez être son organe auprès des Etats généraux ; vous qui n'avez ici ni place ni droit de parler, vous n'êtes pas fait pour rappeler son discours. Cependant, pour éviter toute équivoque, je déclare que si l'on vous a chargé de nous faire sortir d'ici, vous devez demander des ordres pour employer la force, car nous ne quitterons nos places que par la force des baïonnettes. »

Ce boniment à la Barnum impressionna fortement les bons bourgeois voltairiens de la petite ville d'Aix, qui durent se montrer assez fiers d'être représentés aux Etats par un député aussi fougueux, répondant aux lieu et place de Bailly, prenant seul la parole pour stigmatiser la conduite de Dreux-Brézé, et précisant avec éloquence les droits du Tiers devant les empiétements de la royauté...

Hélas ! Tout ceci ne correspond guère à la réalité : comme président, Bailly répondit directement à Dreux-Brézé sans le truchement d'un interprète.

D'autre part, nous allons le voir, tous les députés du Tiers élevèrent de bruyantes, de véhémentes protestations dès qu'ils entendirent l'ordre du grand maître des cérémonies, et Mirabeau se contenta, tout simplement, de joindre sa voix au chœur général.

On conçoit fort bien qu'aux yeux des Aixois, Mirabeau ait cherché à se parer ainsi des plumes du paon ; il est normal que cet ambitieux ait voulu s'attribuer un rôle de premier plan[1]. Mais il est étrange qu'aucun des collègues du tribun n'ait rapporté ces fulgurantes paroles !

Délaissant les assertions contradictoires de Bailly, feignant d'ignorer la mise au point effectuée par le fils de Dreux-Brézé, l'histoire, plus soucieuse de la fable républicaine que de la vérité intrinsèque, a adopté sans plus le récit de Mirabeau, le « mot » authentifié... par son seul auteur.

La méthode, on en conviendra, n'est pas des plus scientifiques.

Des témoins impartiaux à la barre de l'Histoire

Puisque les trois acteurs principaux s'accordent assez mal, interrogeons les mémoires laissés par certains députés du Tiers qui ont assisté à la scène.

Je dirai, sans plus attendre, qu'aucun de ces témoins ne rapporte les paroles de Mirabeau.

Gaultier de Bieurzat, représentant de l'Auvergne, déclare qu'il s'éleva de tous les côtés des protestations nombreuses et confuses lorsque le grand maître des cérémonies vint confirmer l'ordre de Louis XVI. « On lui a répondu — précise le député — qu'il n'avait qu'à aller dire au roi que nous nous étions fait le serment mutuel de n'obéir qu'à notre devoir et au service de la patrie ; que ces intérêts exigeaient que nous restassions

---

1. On reconnaît ici la pensée des révolutionnaires « première manière » : Louis XVI est le roi, on le respecte certes, on veut le conserver à la tête de l'Exécutif ; mais on est décidé à combattre à outrance son entourage, jugé fort néfaste.

assemblés et que nous ne reconnaissions aucun pouvoir capable de nous dissoudre. »

A son tour, Le Nordey de Sautchevreuil consigne dans *Le Journal des Etats généraux* que tous les députés se levèrent pour répondre à Dreux-Brézé : « Le roi a envoyé son maître des cérémonies dire à M. Bailly que l'Assemblée eût à se retirer. Le grand maître dit à voix basse l'ordre du roi. L'on s'est écrié : « Tout haut ! Tout haut ! » Et à peine l'Assemblée eut-elle entendu la mission du député du roi, qu'elle a crié presque à l'unanimité : « Non ! non ! il n'y a que la force qui puisse nous faire sortir. »

D'autre part, l'abbé Jallet rapporte qu'il entendit une phrase qui ressemblait assez à celle qu'on prête à Mirabeau, mais il ne saurait préciser si on doit l'attribuer au fameux tribun : « Le marquis de Dreux-Brézé rentra par ordre du roi et déclara, par ordre du président, que la volonté de Sa Majesté était qu'on se séparât. Le président répondit que la séance ne pouvait se lever que du consentement de l'Assemblée Nationale. Un des députés se leva et dit : *Il n'y a que les baïonnettes qui puissent nous faire sortir d'ici.* »

Par contre, voici plusieurs autres témoignages qui semblent, à première vue, infirmer nettement les déclarations précédentes. Mais ces nouvelles dépositions ne tiennent guère devant un examen critique un peu serré. Qu'on en juge.

L'abbé Coster attribue le mot à Mirabeau. Or, cet ecclésiastique n'était pas présent à la séance du 23 juin, et, de plus, il n'est pas très affirmatif. « Mirabeau, écrit-il, a répondu, dit-on..., etc.. » Ce *dit-on*, convenons-en, n'est pas des plus convaincants.

Arnault, secrétaire du comte de Provence, rapporte le mot traditionnel, qu'il attribue d'une façon très catégorique au député du baillage d'Aix. Mais, dans son ouvrage fort documenté sur les Mirabeau, M. de Loménie note avec circonspection : « Arnault écrit ses souvenirs bien longtemps après la séance du 23 juin, et l'on peut se demander s'il n'avait pas, dans la mémoire, les récits faits dans l'intervalle, encore plus que les propres paroles de Mirabeau... »

Dans son *Introduction à la Révolution*, composée plusieurs mois après l'incident qui nous occupe, Prud'homme va nous donner cette version particulière : « Le Tiers Etat était resté assemblé après la séance ; le maître des cérémonies vint lui ordonner, de la part du roi, de sortir de la salle. M. Bailly fit, à cette sommation, une réponse pleine de sagesse et de courage. Il déclara à l'envoyé que *la Nation n'avait pas d'ordre à recevoir.* Sur une seconde injonction, le comte de Mirabeau échauffa toutes les âmes ; toutes assentirent avec enthousiasme à son dévouement à la

---

1. Il faut bien noter que la *Gazette Nationale* ou *Moniteur Universel*, publication privée, dénuée de tout caractère officiel, rapporte, dans son n° 10 (20-24 juin 1789) l'apostrophe de Mirabeau. Mais comme l'article en question reproduit d'une façon littérale la version donnée par Mirabeau dans sa *Troisième lettre à mes commettants*, on est bien forcé de conclure que l'article du *Moniteur*, dans lequel le tribun est présenté dans une attitude héroïque, est de... Mirabeau lui-même. Procédé publicitaire de bas étage.

mort plutôt que de céder aux menaces, et il fut répondu que *les représentants de la nation périraient par le fer et par le feu de la tyrannie plutôt que de se séparer !* » Comme Prud'homme n'assista point à la scène, on est porté à croire qu'il puisa tout simplement sa documentation dans la lettre écrite par Mirabeau à ses commettants. Et, pour corser son récit, il surenchérit encore sur les paroles ronflantes que s'attribuait le tribun.

Reconstitution historique

A la lumière de tout ce qui précède, voici donc, me semble-t-il, comment on peut et on doit rétablir les faits.

Une fois terminé son dernier discours, Louis XVI lève la séance des Etats généraux en ordonnant aux députés de se retirer. Aussitôt, les élus de la noblesse et une certaine partie du clergé obéissent. Comme les mandatés du Tiers restent à leurs places, le marquis de Dreux-Brézé. grand maître des cérémonies, entre dans la salle, le chapeau sur la tête, et vient rappeler à Bailly, président de l'Assemblée, les instructions données par le monarque.

Mais tous les détails de l'épisode, tel qu'il se trouve rapporté ordinairement, s'avéreront ou inexacts, ou fort exagérés.

Première erreur : Dreux-Brézé n'ignorait aucunement les fonctions de Bailly. C'est donc à Bailly et non à l'Assemblée tout entière que le grand maître des cérémonies s'adressa. D'après le témoignage de Sautchevreuil invoqué tout à l'heure, il nous sera permis de préciser que le jeune maître des cérémonies[1] s'approcha discrètement de Bailly pour lui rappeler, à voix basse, l'ordre royal et, aussitôt, les députés du Tiers de crier : « Tout haut ! Tout haut ! » S'inspirant des déclarations de Mirabeau, la légende historique négligera habilement de rappeler ces détails, car on avait de bonnes raisons pour reléguer Bailly dans l'ombre, de façon à assurer à Mirabeau un rôle de premier plan. Déjà, on le voit, s'esquisse le truquage.

Relevons, au passage, une seconde erreur de caractère anachronique, dans la scène telle qu'elle se trouve immortalisée par le bas-relief de la Chambre des Députés. Le sculpteur Dalou a représenté Bailly assis à une table, placée un peu en avant des élus du Tiers. Or, les documents de l'époque nous permettent d'affirmer que le président n'avait devant lui aucun bureau, aucune tribune d'orateur. Bailly se trouvait simplement sur une banquette du premier rang, en compagnie des autres députés du troisième Ordre. Le détail — nous le constaterons tout à l'heure — a son importance.

Troisième erreur, plus grave : les paroles du marquis de Dreux-Brézé provoquèrent, nous le savons, un tollé général, et il s'ensuivit un brouhaha indescriptible. Dans ces conditions, comment l'assistance eût-elle pu entendre l'apostrophe ronflante de Mirabeau, cette interminable période oratoire dont il s'attribue la paternité ? Moins naïfs que les électeurs du

---

1. Dreux-Brézé avait vingt-sept ans.

baillage d'Aix et les abonnés du *Moniteur Universel*, nous accueillerons les assertions du député provençal avec un certain scepticisme. Certes, en entendant l'injonction du grand maître des cérémonies, Mirabeau dut, comme les autres représentants et au même titre que ses collègues, protester avec véhémence. Mais, sans doute, fut-il le seul... à entendre le mot historique qu'il proférait[1].

Enfin, quatrième erreur, Mirabeau ne bougea point de sa place ; il ne s'avança pas, menaçant et autoritaire, à la rencontre de Dreux-Erézé devant le bureau — inexistant — du président Bailly. Plusieurs témoins, dans leurs mémoires, stipulent qu'au moment de l'entrée du fonctionnaire de Louis XVI dans la salle, les députés du Tiers, qui siégeaient sur les banquettes du fond, restèrent à leurs rangs, aucun ne sortit des travées. D'ailleurs, un député aux Etats généraux de 89, Emmanuel Toulongeon, rapporte dans son *Histoire de la Révolution* que « très peu de membres ont pu entendre les paroles de Mirabeau », car le tribun lança sa phrase « sans se déplacer ». Remarquons encore que l'article du *Moniteur*, que l'on soupçonne fort d'avoir été rédigé par le tribun lui-même, s'accorde fort bien sur ce point avec le récit de Toulongeon : « M. le comte de Mirabeau se lève avec le ton et les gestes de l'indignation, et répond ainsi..., etc. » La cause est entendue : le député d'Aix ne s'interposa point, comme on a voulu le faire croire, de la façon cavalière dont on lui fait gloire, entre le président de l'Assemblée et l'envoyé du roi.

Que reste-t-il donc de la légende historique ? Peu de chose, à la vérité.

A l'entrée de Dreux-Brézé, Mirabeau, sans quitter sa place, se leva, comme sans doute beaucoup d'autres représentants. Dans le tumulte général provoqué par les paroles du grand maître des cérémonies, Mirabeau cria son indignation, comme d'ailleurs toute l'assistance.

Mais quelles furent, au juste, les paroles du tribun ? Aucun témoin digne de foi ne nous les rapporte, nous venons de le voir. Quant à l'intéressé, il est trop sujet à caution pour qu'on lui fasse confiance.

Aussi, considérerons-nous avec un sourire indulgent, mais un peu sceptique, la scène romantique et romancée que le bronze austère et... pseudo-historique de Dalou s'efforce d'immortaliser dans notre Chambre des Députés.

---

1. On pourra objecter que le fils de Henry-Evrard de Dreux-Brézé reconnut que Mirabeau avait adressé la parole à son père. Mais à ce témoignage de seconde main, qui nous parvient quarante ans après la fameuse séance, on nous permettra de préférer les témoignages directs et immédiats, rapportés plus haut, de députés présents à la séance du 23 juin 1789.

— " Fils de Saint-Louis, montez au ciel ! "

L'abbé Edgeworth à Louis XVI au moment de son exécution.

21 Janvier 1793.

Depose

XIV

« FILS DE SAINT LOUIS, MONTEZ AU CIEL ! »

Un mot apocryphe... qui pourrait bien être authentique

« Fils de saint Louis, montez au ciel ! »
Le 21 janvier 1793, à dix heures vingt du matin, le carrosse qui amenait le roi Louis XVI au supplice débouchait sur la place de la Révolution — aujourd'hui place de la Concorde — où se dressait la silhouette de la guillotine.

On avait mis plus de deux heures pour parcourir les quelques kilomètres qui séparaient la prison du Temple du lieu de l'exécution : à travers les rues silencieuses, recouvertes d'une mince couche de neige, le cortège s'était lentement avancé entre une double haie de gardes nationaux en armes. Par ordre de la Commune, nul visage ne devait apparaître, ni aux portes, ni aux fenêtres.

Quoique assis immédiatement à côté de l'abbé Edgeworth de Firmont dans le fond du carrosse, le roi n'avait pu échanger la moindre parole avec son confesseur, car les tambours placés en avant des chevaux ne cessèrent de rouler pendant tout le trajet. Et sous les yeux étonnés des deux gendarmes de garde occupant les sièges de devant, le monarque, tenant à la main le bréviaire de de Firmont, lisait, avec un calme impressionnant, les psaumes que lui indiquait l'ecclésiastique, et récitait alternativement les versets avec le prêtre.

Mais voici que la voiture ralentit, et bientôt, elle s'arrête : elle vient d'arriver au pied de la haute plate-forme sur laquelle a été établie la guillotine, de façon que le peuple ne perde aucun détail de cette tragédie révolutionnaire. Autour de la machine de mort, on a ménagé un large espace vide, bordé de troupes en armes et de canons.

Les tambours cessent de battre. « Nous voilà arrivés, si je ne me trompe ? » interroge le roi, à mi-voix, d'une façon très posée. En signe d'assentiment, de Firmont s'incline. Déjà un bourreau ouvre la portière.

Je ne rapporterai pas en détail les phases dramatiques de l'exécution : on sait le refus opposé tout d'abord par le roi aux valets chargés de lui lier les mains ; on se rappelle qu'il fallut l'intervention du confesseur pour que le monarque consentît à ce nouvel outrage ; on connaît les paroles de pardon que Louis adressa à ses meurtriers.

Or, nous rapporte la tradition, avant de s'engager dans l'escalier menant à la plate-forme de la guillotine, le roi embrassa de Firmont ; et ce dernier, comme hors de lui-même, aurait adressé à celui qui allait si courageusement mourir cette exhortation sublime : « Fils de saint Louis, montez au ciel ! » — Il faut noter que certains auteurs pensent que le monarque était déjà lié sur la planche à l'aide des sangles lorsque l'abbé prononça la célèbre apostrophe ; le cou de Louis XVI se trouvait, assure-t-on, engagé dans la lunette ; et avant que ne tombât le couperet, de Firmont, agenouillé devant le condamné, l'aurait béni, tout en prononçant les mémorables paroles : « Fils de saint Louis, montez au ciel ! » Aussitôt, Sanson déclenchait la fatale mécanique, le couteau s'abattait, et la tête de « Capet » roulait dans le panier.

Un mot historique d'une authenticité douteuse

Mais le mot de l'abbé de Firmont ne devait pas tarder à être considéré par les historiens avec quelque méfiance ; et dès après la Révolution, nous voyons plusieurs chercheurs se demander si, en fait, la célèbre exhortation du confesseur n'était pas l'œuvre de quelque ardent royaliste, désireux de corser le récit de l'exécution de Louis XVI.

Comme l'abbé de Firmont vivait encore à cette époque[1], on lui demanda des éclaircissements ; et le prêtre répondit avec simplicité qu'il ne se souvenait aucunement avoir prononcé les paroles en question. D'ailleurs, dans sa *Relation des derniers moments de Louis XVI*, l'abbé de Firmont, qui décrit l'exécution du roi, ne fait pas la moindre allusion au mot historique qu'on lui attribue. Dès lors, la thèse de l'authenticité apparaissait difficilement soutenable.

Aussi, plusieurs mémorialistes du temps s'accorderont-ils pour lui donner le coup de grâce. « Ce mot est une pure fiction, assure lord Holland dans ses *Souvenirs diplomatiques*. L'abbé « Egworth (*sic*) a avoué franchement et honnêtement qu'il ne se rappelait pas l'avoir dit. Ce mot a été inventé dans un souper, le soir de l'exécution. » De son côté, le comte d'Allonville, qui connaissait personnellement de Firmont, note dans ses *Mémoires secrets* les détails suivants : « Le lendemain [de l'exécution], un

---

1. L'abbé Edgeworth de Firmont décédera en Angleterre en l'année 1807.

journal républicain publia que son confesseur avait dit au roi : « Fils de saint Louis, montez au ciel ! » Quant à Edgeworth, qui m'assura avoir entendu ou cru entendre proférer et répéter les cris de : « Grâce ! », il ne m'a jamais dit avoir prononcé ces sublimes paroles. » Et, au début du XIXe siècle, le probe historien Charles de Lacretelle conclut après une étude très sérieuse de la question, au caractère apocryphe de cette phrase que de Firmont lui-même n'avait pas « avouée ».

Qui donc, en définitive, avait forgé ce mot ?

Sous la Restauration, on crut pouvoir en identifier l'auteur. Alfred de Vigny, reçu dans les salons royalistes que fréquentaient encore des survivants de l'époque révolutionnaire, laisse entendre clairement qu'il connaissait le faussaire, mais il ne le désigne pas nommément. Il est vrai que certains historiens précisaient en attribuant le mot au journaliste Charles His, qui, à l'époque de la Restauration, se vantait, paraît-il, d'avoir inventé et « lancé » la fameuse phrase dès après la mort de Louis XVI.

Un historien moderne, Louis Combes[1], qui, le premier, a repris l'ensemble de la question, donne des conclusions tendant à faire tomber les dernières hésitations. Il souligne une étrange coïncidence : les journaux de l'époque, dans leur relation détaillée du supplice de Louis XVI, ne mentionnent pas l'apostrophe de l'abbé de Firmont. L'auteur royaliste d'un récit, daté de 1798, sur le *Procès des Bourbons*, et qui déclare tenir ses renseignements d'un témoin oculaire de l'exécution, ne fait pas la moindre allusion à la phrase légendaire. Bien mieux, dans la lettre que, fort courageusement, le bourreau adresse au *Thermomètre du jour*, à la date du 15 février, pour rectifier certaines informations inexactes publiées dans ce journal, Sanson ne souffle mot de l'apostrophe de l'abbé.

Avec les dénégations d'Edgeworth de Firmont, le silence de la presse contemporaine, et la désignation du faussaire, la question semblait bien réglée.

Les partisans de l'authenticité

Mais, à la fin du siècle dernier (XIXe), Edmond Biré[2] et le marquis de Beaucourt[3], ayant repris, chacun de leur côté, l'étude de cette question, en remontant aux sources, s'aperçurent que les faits véritables avaient été habilement dénaturés, sans doute pour le besoin de la cause républicaine.

C'est ainsi qu'après un dépouillement d'archives très sérieux, ils arrivèrent tous deux à des conclusions entièrement opposées — on va le voir —

---

1. *Episodes et curiosités révolutionnaires*, Paris, 1877. Voici la liste des journaux cités par Louis Combes : *Le Patriote français, L'Ami du Peuple,* journal de Marat, *La Chronique de Paris, Le Républicain français, Le Journal de Perlet, Le Journal des Amis,* le *Moniteur, Le Père Duchêne,* organe du sanguinaire Hébert, pourvoyeur de la guillotine, *Les Révolutions de Paris,* où se trouve consigné un récit très circonstancié de l'exécution.
2. *Journal d'un bourgeois de Paris pendant la Terreur,* édition annotée. Paris, 1884.
3. *Captivité et derniers moments de Louis XVI,* Paris. 1892. Dans cet ouvrage, la question a été admirablement étudiée et présentée.

aux affirmations de l'Histoire officielle.

Résumons brièvement les arguments nouveaux présentés par les deux érudits dont les révélations provoquèrent certaines réactions dans le clan des historiens de la Révolution.

Le succès du « mot » auprès des contemporains

Si quelques mémorialistes ont cru pouvoir suspecter la réalité de l'apostrophe de l'abbé de Firmont, par contre, il faut bien constater que la plupart des écrivains contemporains des événements ne semblent pas avoir mis en doute son authenticité. Nombreux sont les historiens français et étrangers, les journalistes républicains ou royalistes qui rapportent les ultimes paroles adressées à Louis XVI par son confesseur.

Commençons par les mémorialistes de chez nous. Quatre jours après le drame du 21 janvier, Bigot de Sainte-Croix, ancien ministre des Affaires étrangères en France, publiait à Londres les *Détails authentiques sur les derniers moments de Louis XVI*, et consignait, parmi eux, la célèbre phrase de l'abbé[1]. Dans l'ouvrage, si répandu à l'époque, du marquis de Limon, *La vie et le martyre de Louis XVI*, ouvrage composé moins d'un mois après l'exécution du monarque, nous relevons également le même trait[2]. L'historien Peitier, dans son *Dernier tableau de Paris*, publié seulement un an après la mort du roi, nous décrit de façon identique la scène qui se déroula devant les bourreaux[3]. Sans vouloir fatiguer le lecteur par des citations trop multipliées, j'enregistrerai et soulignerai que, dans presque tous les travaux historiques écrits à l'époque du régicide, nous retrouvons, exactement dans les mêmes termes, la parole prononcée par de Firmont au pied de l'échafaud[4].

A l'étranger — en Allemagne, en Angleterre, en Amérique même — le mot connaîtra un égal succès. L'Anglais John Moore, témoin oculaire de la Révolution à ses débuts, ne manque pas, dans son *Journal during a residence*

---

1. « C'est alors que son confesseur, se penchant sur son visage, a articulé d'une voix très élevée : Enfant de saint Louis, montez au ciel ! »
2. « Fils de saint Louis, montez au ciel ! lui dit le saint prêtre qui l'accompagnait. » L'ouvrage du marquis de Limon, dont l'auteur fit des lectures à Vienne les 19, 21, 23 et 24 février 1793, connut un succès considérable : en l'espace de trois mois, trente éditions s'enlevèrent en Belgique et en Allemagne. En même temps, on traduisait le livre en anglais, en allemand et en flamand.
3. « ...le confesseur, transporté par le courage et les vertus du condamné, se jeta à genoux, les bras et les yeux élevés vers lui, en criant d'une voix forte : Fils de saint Louis, montez au ciel ! »
4. Voici encore les titres de quelques ouvrages où se trouve consigné le mot de l'abbé de Firmont : *Eloge historique et funèbre de Louis XVI*, par Montjoie. Neufchâtel, 1796 ; *Mémoires secrets pour servir à l'histoire de la dernière année du règne de Louis XVI*, par B. de Molleville. Londres, 1797 ; *Le Nouveau Paris*, par le citoyen Mercier. Paris, 1797 ; *Histoire de la Révolution en France*, par deux amis de la Liberté (tome X). Paris, 1798 ; *Journal de Cléry* (contrefaçon révolutionnaire). Londres, 1800 ; *Dictionnaire néologique des hommes et des choses* (mot : *Ascension*), de Beffroi de Reigny. On constatera que dans cette liste les pamphlets républicains voisinent avec les ouvrages royalistes, et, dans les deux camps, on s'accorde à considérer comme authentique l'exhortation d'Edgeworth de Firmont. J'emprunte cette liste à l'ouvrage du marquis de Beaucourt.

in France, de rapporter textuellement l'exhortation du confesseur[1].

Aux Etats-Unis, une histoire de la Révolution française fait à son tour mention des paroles d'Edgeworth de Firmont[2]. Et en Allemagne un drame historique[3] ayant trait à la mort de Louis XVI mettait à son tour la célèbre exhortation sur les lèvres de l'abbé.

Les mémorialistes et les dramaturges ne furent point les seuls à citer le « mot » : les journaux du temps ne manquèrent point de rapporter dans leurs colonnes la phrase mémorable.

Louis Combes[4], dans son article, nous donnait une liste impressionnante de journaux révolutionnaires nous fournissant force détails sur l'exécution, sans faire la moindre allusion à l'exhortation de l'ecclésiastique. Mais le marquis de Beaucourt[5] remarque avec une certaine ironie que Louis Combes oublie, par ailleurs, de mentionner les nombreuses feuilles où se trouve consignée, en toutes lettres, l'apostrophe si discutée[6].

Voici, de plus, un témoignage fort troublant apporté par l'auteur d'une relation publiée en 1802, sous le titre : *Les illustres victimes vengées des injustices de leurs contemporains*. L'auteur, qui assistait à l'exécution, nous fournit de précieux renseignements : « Les autres paroles [de Louis XVI] que les historiens rapportent ne furent point entendues. Je n'ai point entendu celles de M. de Fermont (*sic*) : « Fils de saint Louis, montez au ciel ! » Mais elles circulèrent dans les rangs comme ayant été dites. »

Décidément, il semble bien que, pendant deux siècles, les historiens se soient entendus comme larrons en foire pour tromper le public et égarer son jugement. Avouons-le, il fallait quelque audace pour assurer, contre toute évidence, que ni les mémorialistes, ni la presse du temps n'avaient fait mention du mot historique. Pour mal machiné qu'il soit, le truquage réussit, deux cents ans durant, à berner les lecteurs de l'histoire de France.

---

1. « *The confessor then kneeling, with his face near to that of the King, pronounced aloud* : Enfant de saint Louis, montez au ciel ! *The blow was given. Mr. Edgeworth's face was sprinkled with the King's blood.* » A vrai dire, Moore avait quitté Paris dans les premiers jours de décembre 1792, deux mois avant la mort de Louis XVI ; mais l'auteur crut devoir compléter son ouvrage par une relation des principaux événements survenus en France après son départ.

2. « *His confessor meantime called to him from the foot of the scaffold* : Louis, fils de saint Louis, montez au ciel ! » (*An impartial history of the late Revolution in France*. Boston, 1794.)

3. *La mort de Louis XVI, roi de France et de Navarre*, drame historique en trois actes. Composé en langue allemande par F. Hochkirch, il fut, dès 1793, traduit en français par B. de Montgay, et publié à Liège.

4. Voir ci-dessus, p. 105, note 1.

5. *Captivité et derniers moments de Louis XVI*, op. cit.

6. Citons les titres de quelques journaux du temps où l'on retrouve la phrase de l'abbé de Firmont : *Les Semaines parisiennes* ; *Le Magicien républicain*, où Rouy aîné, témoin oculaire du régicide, rapporte l'exhortation du confesseur ; *Le Véridique*, février 1793 ; *Le Thermomètre du Jour*, qui avait passé sous silence l'épisode dans son numéro de janvier, et qui le relate dans son n° VIII (février 1793) ; *Le Journal de France*, n° du 17 février 1793 ; *Les Révolutions de Paris*, de Prudhomme (n° 188, 9 au 16 février 1793); *Les Annales de la République française* (n° 28, janvier 1793).

L'abbé de Firmont nia-t-il vraiment la paternité du « mot » ?

Mais, en définitive, que peuvent donc valoir toutes ces minutieuses démonstrations, puisque l'abbé Edgeworth de Firmont, interrogé sur ce point, aurait nié, dit-on, être l'auteur du mot ?...

Ici encore, il y a tromperie sur la marchandise.

Lorsque certains enquêteurs ont demandé au confesseur de Louis XVI de leur confirmer l'authenticité de la célèbre phrase, de Firmont « a répondu qu'il ne pouvait affirmer s'il l'avait dite ou non ; qu'il était possible qu'elle lui fût échappée, sans que pour cela il en eût connaissance, parce que son âme était dans un tel état d'exaltation et ses facultés dans un tel état d'abattement, que sa mémoire ne lui retraçait rien de particulier sur ce qu'il avait pu dire dans ce terrible moment[1] ».

Il est fort compréhensible, on l'avouera, qu'en ces heures tragiques l'abbé ait conservé un souvenir très confus des exhortations spirituelles qu'il adressait à son pénitent. « Il m'a dit — rapporte Bertrand de Molleville, en parlant de l'abbé Edgeworth — que son trouble et sa douleur profonds dans ce moment lui avaient fait oublier la plupart des choses qu'il avait dites au roi[2]. » Dans ses *Mémoires secrets*[3], le comte d'Allonville confirme de point en point ces dires : « J'ai parlé — lui confia Edgeworth de Firmont — au moment où cette tête auguste allait tomber ; j'ai parlé, je me le rappelle, mais sans me souvenir de rien ; mon esprit était égaré au point que j'ignorais où je me trouvais. » Et lorsque, le 29 juillet 1807, dans la chapelle française de King Street, à Londres, l'abbé de Bouvens prononça l'oraison funèbre d'Edgeworth de Firmont, l'orateur ne manqua point de faire allusion à la célèbre exhortation. Mais en biographe exact, il ajouta : « Il [de Firmont] ne pouvait se rappeler, disait-il, s'il s'était servi de ces expressions. Ne nous en étonnons pas. »

Il reste donc acquis que l'abbé Edgeworth ne nia pas avoir prononcé le fameux mot historique ; et son manque de mémoire, en semblable occasion, ne saurait nous permettre de conclure à la non-authenticité de la phrase : « Fils de saint Louis, montez au ciel ! »

Un mot apocryphe... qui pourrait bien être authentique

Aujourd'hui encore, sur la foi des Louis Blanc, des Paul Loisy, de tant d'autres écrivains, l'exhortation prononcée par l'abbé de Firmont au bas de l'escalier de la guillotine est presque unanimement considérée comme un mot historique « plus que douteux ». Bien mieux, cette parole apparaît, le plus souvent, citée comme un exemple typique des tirades fabriquées par la postérité, en vue d'enjoliver ou de meubler un récit.

Mais les fables ont la vie dure. En dépit du témoignage éloquent des mémorialistes contemporains de l'événement, malgré les articles explicites parus dans de nombreux journaux de l'époque, et sans souci de la délicate mise au point effectuée par les familiers de l'abbé de Firmont, on

---

1. Mémoires de M. l'abbé Edgeworth de Firmont.
2. *Histoire de la Révolution de France*, T. X.
3. Publiés en 1841.

continuera encore longtemps, sans doute, à répéter que la phrase : « Fils de saint Louis, montez au ciel ! » est un mot apocryphe[1].

...Un mot apocryphe qui pourrait bien présenter, cependant, quelques caractères assez troublants d'authenticité.

---

1. Je signalerai encore ici la « raison d'acoustique », invoquée par certains historiens. Comment, en effet, disent quelques auteurs, le mot de de Firmont aurait-il pu être entendu par la « foule », que la troupe tenait très éloignée de la guillotine ? Assurément, l'apostrophe du prêtre — si elle fut prononcée — ne put être perçue et recueillie que par les gendarmes, les bourreaux ou les soldats groupés autour de l'échafaud. Et on sait que nombre de ces témoins, notamment Sanson, le bourreau, étaient des royalistes convaincus, assez bien disposés à conserver pieusement la mémoire des dernières paroles de Louis XVI.

XV

« LA RÉPUBLIQUE N'A PAS BESOIN DE CHIMISTES ! »

Un tribunal expéditif

Le 19 floréal de l'an II (8 mai 1794), vers les deux heures de l'après-midi, les charrettes de la guillotine amenaient place de la Révolution une fournée de vingt-huit anciens fermiers généraux. Comme le verdict de mort avait eu soin de stipuler que les fortunes personnelles de ces collecteurs d'impôts devaient être confisquées au profit de la Nation, un des condamnés, Papillon d'Hauteroche, considérant la foule hurlante qui l'entourait, ne put s'empêcher de lancer un dernier trait d'esprit : « Ce qui me chagrine — persifla-t-il — c'est d'avoir de si déplaisants héritiers ! »

On se doute de la solide impopularité dont, au temps de la Terreur, pouvaient jouir ceux qui, avant 1789, avaient eu pour mission de lever les taxes royales. Aussi le procès des fermiers généraux fut-il mené avec une singulière rapidité : après quelques vagues vérifications de comptes par de soi-disant experts, le Tribunal révolutionnaire se déclara suffisamment éclairé, et envoya tous les fermiers généraux à l'échafaud.

Dans la première charrette, on apercevait un des anciens directeurs de la Ferme, Antoine-Laurent Lavoisier, qui, les mains attachées derrière le dos, et le visage impassible, marchait au supplice.

En Europe, le monde scientifique tout entier s'accordait à considérer comme un des plus grands génies du siècle cet extraordinaire savant qui venait de découvrir les lois fondamentales de la chimie moderne. Le Tribunal révolutionnaire ne s'en souciait guère. On rapporte même que, sitôt après la lecture du jugement, Lavoisier demanda qu'on voulût bien reculer de quelques jours son exécution, pour lui donner le temps de terminer une expérience de la plus grande utilité. Mais le président du Tribunal lui aurait brutalement répondu : « La République n'a pas besoin de chimistes ! »

Mensonges républicains

De bonne heure, les passions politiques ne manquèrent pas de s'exercer autour de ce mot historique, que les républicains déclaraient apocryphe, alors que les royalistes le considéraient comme parfaitement authentique. Au cours de la bataille, la vérité historique fut, on peut s'en douter, quelque peu malmenée.

Du côté républicain, on crut facilement triompher des accusations du parti adverse par un syllogisme assez habile. Pour que le Tribunal révolutionnaire ait refusé un sursis à Lavoisier, il fallait bien que ce dernier eût sollicité cette faveur. Or, dans les pièces du jugement (7 et 8 mai 1794), on ne trouve pas la moindre trace de la requête.

Et les républicains de triompher.

Mais la Roche tarpéienne n'est pas loin du Capitole. Et si nous nous reportons cinq mois en arrière, c'est-à-dire au moment où le chimiste fut décrété d'accusation (novembre 1793), nous voyons Lavoisier écrire au Comité de sûreté générale et demander qu'on le laisse, jusqu'à sa comparution devant le Tribunal révolutionnaire, en liberté provisoire, de façon à lui permettre de continuer ses travaux scientifiques[1]. Que répondit le Comité ? Nous l'ignorons.

Il est donc prouvé — au contraire de ce qui se dit généralement — que Lavoisier pria les autorités révolutionnaires de différer, sinon son exécution, du moins son incarcération ; et, à ce moment-là, la riposte : « La République n'a pas besoin de chimistes » peut fort bien avoir été proférée.

Mensonges royalistes

Pour être équitable, je m'empresserai d'ajouter que les imputations royalistes ne présentent guère plus de valeur historique que la défense des républicains. On va s'en rendre compte.

Comment douter — insinuent quelques-uns — de l'authenticité de la phrase adressée à Lavoisier par le président du Tribunal, puisque cette phrase se trouve rapportée littéralement dans un discours officiel de l'époque ? Ce discours fut prononcé par un autre chimiste, Antoine-François de Fourcroy, ancien collègue de Lavoisier, et qui vécut la tourmente révolutionnaire aux côtés mêmes du grand savant. Lorsque, après la réaction politique qui suivit l'exécution du parti robespierriste, le Lycée des Arts chargea Fourcroy de prononcer l'éloge de Lavoisier, l'orateur, rappelant

---

1. C'est au Dr E. Grimaux que l'on doit d'avoir découvert, en 1888, cette lettre de Lavoisier, pièce de la plus haute importance, qui resta ignorée jusqu'à cette date : depuis, elle semble négligée d'une façon assez systématique par les historiens. Cf. *Lavoisier, d'après sa correspondance, ses manuscrits, ses papiers de famille.*

dans sa conclusion les circonstances de la mort de son illustre confrère, s'écria avec indignation : « Le juge-bourreau n'avait-il pas annoncé que *la République n'avait pas besoin de savants ?* »

Témoignage, comme on voit, direct, précis, et qui ne laisse pas d'impressionner, au premier abord.

Mais, lorsqu'on connaît tant soit peu la triste mentalité de ce Fourcroy, on n'est guère tenté de lui faire confiance. Nous savons en effet que Fourcroy a toujours poursuivi Lavoisier d'une haine tenace, farouche. Aigri et jaloux, il s'oppose, en toute circonstance, aux mesures proposées par son collègue. Certes, Fourcroy est un excellent professeur, un vulgarisateur scientifique doué d'un certain talent, mais non de génie. Aussi, ne pardonnera-t-il pas à Lavoisier ses découvertes, ses succès, sa réputation mondiale. Fourcroy trouvera bientôt l'occasion de prendre une triste revanche. Nommé, à l'époque de la Terreur, député à la Convention en remplacement de Marat, il ne tarde pas à se faire remarquer par sa violence, et il profite de son influence politique pour éliminer du sein des sociétés savantes les hommes dont il peut prendre ombrage. Au Lycée des Arts, nous le voyons constituer un « comité régénérateur » destiné à « procéder à l'épuration » (ce mot connaît déjà une vogue étonnante) des membres soupçonnés de sentiments contre-révolutionnaires. Il commence par radier — tout simplement ! — les deux tiers des membres de l'Assemblée et, bien entendu, Lavoisier se trouve, par les soins de ce charmant collègue, placé en tête de la liste des suspects.

Comme à ce moment la Convention vient de décréter d'accusation les fermiers généraux, on n'a pas manqué de dire que Fourcroy « marqua » Lavoisier pour la guillotine. Pareille assertion est exagérée, car le Tribunal révolutionnaire se chargeait bien tout seul de remplir les charrettes de Sanson. Si Fourcroy n'a pas poussé réellement Lavoisier à l'échafaud, il ne fit rien, bien au contraire, pour le sauver.

Certes, on pourra s'étonner de voir, vingt-sept mois après l'exécution du grand chimiste, ce même Fourcroy appelé à prononcer l'éloge funèbre de Lavoisier... devant le Lycée des Arts ! Fourcroy, on le voit, est un sinistre pantin : après avoir hurlé avec les loups de la Convention, il bêle maintenant avec les moutons de la réaction. Et comme on commence à insinuer qu'il a été « pour quelque chose » dans l'envoi de Lavoisier à l'échafaud, il s'efforce de se justifier par tous les moyens. Jouant la plus triste palinodie qu'on puisse rêver, il tient à prononcer l'éloge de celui qu'il a éliminé du Lycée des Arts comme « suspect », à l'époque où il fallait si peu de chose pour faire tomber une tête. Mais aujourd'hui, le « climat » politique est changé : avec des larmes dans la voix, Fourcroy fait l'apologie de celui qu'il poursuivit de sa haine, et il n'hésite même pas à nous révéler l'horrible « phrase historique » qu'aurait lancée au condamné le hargneux président du Tribunal révolutionnaire : « La République n'a pas besoin de savants. »

La politique s'accommode assez bien des hommes aux opinions ondoyantes. Mais l'histoire réclame des témoins plus sûrs. Nous allons tâcher d'en trouver.

Témoignages contradictoires

La critique historique ne peut s'exercer avec fruit que sur des faits classés avec méthode. Nous allons donc commencer par établir une liste chronologique des divers témoignages apportés au dossier de « l'affaire Lavoisier ».

Il se trouve qu'un adjoint à la direction de la Ferme, Delahante jeune, fut impliqué avec deux de ses collègues dans le procès des fermiers généraux, et comparut, en compagnie de ces derniers, devant le Tribunal révolutionnaire. Heureusement pour Delahante, un décret de la Convention vint le mettre, avant la fin de l'audience, hors de cause, lui et ses deux autres collègues. On les libéra aussitôt, et Delahante ne tarda pas à écrire ses *Mémoires*, dans lesquels il raconte les péripéties du procès.

S'il avait assisté, à titre d'inculpé, à la lecture de l'acte d'accusation, il n'était plus dans la salle d'audience lorsque les fermiers généraux s'entendirent condamner à mort, et c'est justement après la lecture du verdict que Lavoisier, selon la tradition généralement admise, aurait formulé sa demande de sursis. En conséquence, le chroniqueur ne dit absolument rien du « mot » prêté au président du Tribunal, et nous ne saurions nous en étonner.

Il faut cependant remarquer que, dans la minutieuse reconstitution de cette journée dramatique, Delahante rapporte certaines scènes dont il ne fut pas le témoin oculaire, notamment l'arrivée du naïf Didelot qui, confiant en la justice révolutionnaire, vint de son propre mouvement rejoindre ses collègues de la Ferme au banc des accusés, et apprit, non sans une certaine stupéfaction, qu'il était envoyé avec eux à l'échafaud ! Et cet épisode est parfaitement exact. Notre mémorialiste est, en effet, un homme fort bien informé ; jusqu'ici, on n'a pu le prendre en flagrant délit d'erreur ou de mensonge.

Comment croire, si l'anecdote relative au sursis demandé par Lavoisier a correspondu aux faits, que Delahante ne l'ait point consignée dans ses *Mémoires* ? Cet « oubli » ne laisse pas de nous inquiéter quelque peu...

Au printemps de l'an III, la Révolution donne un coup sérieux de barre à droite. Les modérés s'empressent de livrer au bourreau les plus dangereux des extrémistes de gauche, et, le 2 floréal, nous voyons l'accusateur public, Fouquier-Tinville, introduit dans la salle du Tribunal, cette fois au titre d'accusé.

On se doute bien que les témoins à charge ne manquèrent point ; nombre des ennemis politiques de l'ancien pourvoyeur de la guillotine vinrent lui rappeler ses abus de pouvoir, ses dénis de justice, sa brutalité sanguinaire. Mais personne ne lui reprocha d'avoir refusé quelques jours de délai à Lavoisier. Dobsen lui-même, promoteur du décret de la Convention auquel Delahante et ses deux collègues durent la vie, viendra à son tour à la barre, pour stigmatiser les méthodes judiciaires de Fouquier-Tinville. Dans cette sévère déposition, aucune allusion au sursis refusé à Lavoisier.

D'ailleurs, le rédacteur du compte rendu du procès de Fouquier-Tinville consacre tout un paragraphe à la condamnation de Lavoisier. Mais, là encore, pas un mot de la requête présentée par le chimiste.

A l'audience du 5 floréal, on évoquera encore le procès des fermiers généraux, on soulignera les irrégularités administratives de Fouquier-Tinville. Et, ce jour-là comme les précédents, on semble ignorer complètement que Lavoisier présenta une demande quelconque.

Si vraiment l'épisode était authentique, croit-on qu'un an après la mort de Lavoisier, au moment où l'esprit contre-révolutionnaire se manifestait ouvertement, on eût déjà oublié les singuliers détails d'une affaire si peu banale ?

Continuons nos recherches. La plus ancienne biographie de Lavoisier fut dressée par l'un de ses anciens collègues à l'Académie des Sciences, l'astronome Lalande. Celui-ci, après avoir décrit les péripéties de l'audience, nous apprend qu'un groupe de savants tenta une ultime démarche pour essayer de sauver la tête de l'ancien fermier général.

« On porta au Tribunal, écrit Lalande, un rapport fait par le citoyen Hallé[1] au Bureau de consultation, où il y avait un tableau des ouvrages et du mérite de Lavoisier, capable de faire impression sur des êtres pensants ; mais il ne fut pas même lu par ces hommes, qui n'étaient que des instruments aveugles, stupides et féroces de la cruauté et de la mort. »

Ici encore, rien ne nous indique que Lavoisier demanda un sursis.

Voici que tout à coup apparaît la légende, vingt-sept mois après la mort du grand savant, et elle nous est contée par le cynique Fourcroy, le 15 thermidor de l'an IV.

Or, au cours de ces pompes funèbres en l'honneur de Lavoisier, on exécute une cantate à la gloire du disparu. Cette cantate a été composée par Charles Desaudray, et le second coryphée, en des vers d'ailleurs détestables, résume ainsi l'épisode que répéteront à l'envi les chroniqueurs :

> *A la mort condamné, cependant il espère*
> *Qu'il pourra terminer un travail important.*
> *Pour être utile encore, il lui faut un instant,*
> *De quelques jours il veut que l'on diffère !*
> *Un vandale à ces mots répond en rugissant :*
> *Dans le fond des tombeaux emporte ta science,*
> *De tes arts nous saurons nous passer à présent,*
> *C'est du fer qu'il nous faut, il suffit à la France !*

Et le versificateur d'ajouter en note : « Réponse mémorable du brigand Dumas. »

---

1. La conduite des savants est assez piètre, en la circonstance : ils ont si peur pour leur tête ! Durant les cinq mois que dure l'incarcération de Lavoisier, ses collègues se gardent bien d'intercéder pour lui. Monge, que les relations amicales qu'il entretient avec Robespierre compromettront après le 9 thermidor, n'essaie pas de le sauver. Hassenfratz, qui doit à Lavoisier son élection à l'Académie et qui est devenu un des chefs les plus écoutés du Club des Jacobins, semble l'avoir complètement oublié. Nous ne parlerons pas de Fourcroy, que nous connaissons. En dépit du témoignage de Lalande, Hallé n'entre- prit aucune démarche. Les seuls savants qui n'hésitèrent pas à protester contre l'arrestation de Lavoisier furent Borda, déjà fort suspect en raison de son origine aristocratique, et un prêtre insermenté, l'abbé Haüy.

De ce jour, Fourcroy et Desaudray vont susciter d'innombrables répétiteurs. Trois ans après cette cérémonie, l'avocat Quénard rééditera cette nouvelle version. Dans la *Collection des portraits d'hommes de la Révolution*, de Bonnencle s'en fera l'écho à son tour[1]. En l'an IX, Desessart, tout en reprenant l'anecdote dans son ensemble, corrigera une erreur de détail — quitte à romancer à outrance le reste de l'épisode : « Comme il [Lavoisier] prévoyait le sort qui l'attendait, il demanda à ses juges, ou plutôt à ses bourreaux, de différer sa mort pendant quinze jours. « J'ai besoin de ce temps-là, leur dit-il, pour terminer des expériences destinées à un travail important dont je m'occupe depuis plusieurs années. Je ne ne regretterai point alors la vie. J'en ferai le sacrifice à ma patrie. »

« Un tigre qui présidait ce Tribunal de sang, Coffinhal[2], fit cette réponse barbare à Lavoisier : « La République n'a pas besoin de savants et de chimistes. Le cours de la justice ne peut être suspendu. »

Un mot pareil était d'avance assuré du succès, surtout à l'époque de la Restauration. Aussi, le grand naturaliste Cuvier, chargé de rédiger l'article « Lavoisier » dans la *Biographie Michaud*, ne manquera-t-il pas de reproduire la légende consacrée par la tradition : « Le chef de cette horrible troupe [le jury du Tribunal révolutionnaire] répondit d'une voix féroce *qu'on n'avait plus besoin de savants*[3]. »

Devant tous ces témoignages contradictoires, quelle conclusion nous sera-t-il permis de tirer ?

Sur le chemin de la vérité

Les témoins dont nous avons enregistré les diverses propositions se classent en deux catégories : ceux qui passent sous silence le mot, et ceux qui le rapportent. Or, détail assez curieux, *avant* Fourcroy, personne ne cite la fameuse phrase : ni Delahante, ni Dobsen, ni les ennemis de Fouquier-Tinville. *Après* Fourcroy, au contraire, tous les biographes[4] de Lavoisier adoptent d'enthousiasme l'histoire du sursis.

A première vue, on serait donc tenté de considérer Fourcroy comme « l'inventeur » de l'apostrophe. Mais, puisque au cours de cette même

---

1. « Il [Lavoisier] avait demandé un sursis pour terminer son dernier ouvrage. *Le peuple n'a pas besoin de chimie*, lui répondit-on. »

2. Desessart rétablit la vérité sur un point secondaire : le Tribunal qui condamna Lavoisier était, ce jour-là, présidé non point par le président en titre Dumas, mais par le vice-président Coffinhal.

3. On pourra objecter que Cuvier établit la biographie de Lavoisier d'après les papiers et les notes du disparu ; ces documents avaient été confiés à l'écrivain par la veuve du grand chimiste. Cuvier paraît donc, à première vue, un guide très sûr. Il faut noter cependant, que le manuscrit prêté par Mme Lavoisier s'arrête en 1793, c'est-à-dire un an avant la condamnation du chimiste. Pour écrire l'histoire du procès, Cuvier n'eut donc à sa disposition que les documents erronés que nous avons cités. Notons, au passage, que le biographe, ne sachant s'il doit attribuer la fameuse phrase à Dumas ou à Coffinhal, s'en tire par une périphrase prudente : « Le chef de cette horrible troupe ».

4. Une seule exception à noter : l'*Essai sur l'Histoire générale des sciences pendant la Révolution française*, de Biot (an IX-1803). L'auteur relate le procès de Lavoisier, mais ne dit mot de l'affaire du sursis. Et, pourtant, l'auteur ne manque pas de rapporter de fréquentes anecdotes sur les personnages qu'il présente.

cérémonie du 15 thermidor de l'an IV où Fourcroy prononça l'éloge de Lavoisier, Desaudray évoqua les *mêmes* faits, il semble que Fourcroy et Desaudray ont puisé leur documentation à quelque source commune.

Or, ce texte original échappait aux recherches des érudits. Aussi, commençait-on à désespérer de trouver jamais la clef de cette énigme historique.

La clef du mystère ?

C'est seulement en 1900 qu'un érudit aussi patient qu'habile, J. Guillaume[1], mit le point final à ce chapitre quelque peu irritant de l'histoire révolutionnaire. Grâce à lui, nous connaissons fort bien aujourd'hui l'auteur, ou tout au moins le premier divulgateur de cette fantaisie historique : il n'est autre que le fameux Grégoire, l'évêque constitutionnel du Loir-et-Cher.

Dans son *Troisième rapport sur le vandalisme*[2], présenté à la Convention nationale le 21 frimaire de l'an III (sept mois après la mort de Lavoisier, fait remarquer J. Guillaume, et dix-huit mois avant la cérémonie du 15 thermidor an IV où pontifia Fourcroy), Grégoire signale les excès de cette Révolution dont il avait été pourtant l'un des ouvriers les plus enthousiastes. Après avoir stigmatisé « l'ignorant brisant les sculptures, alors qu'un barbare armé de torches s'occupe à incendier », il rapporte l'anecdote relative à Lavoisier : « Il faut transmettre à l'histoire un propos de Dumas, concernant une science dont les bienfaits incalculables s'appliquent à divers arts, et spécialement à celui de la guerre[3]. Lavoisier témoignait le désir de ne monter que quinze jours plus tard à l'échafaud, afin de compléter les expériences utiles à la République. Dumas lui répondit : *Nous n'avons pas besoin de chimiste* (sic). »

Mais quelle est donc la valeur du témoignage de Grégoire, ordinairement désigné, dans l'histoire, sous le nom de « l'abbé Grégoire », et qui, dès après le vote de la Constitution civile du clergé, rompit avec Rome et fut élu évêque du Loir-et-Cher ?

C'est une curieuse figure que ce prélat révolutionnaire. Remarqué dès 1788 pour son *Essai sur la régénération physique et morale des Juifs*, élu député de son ordre aux Etats généraux de 1789, Grégoire affiche des opinions politiques fort avancées. Par ses discours, par ses écrits, par ses actes, il devient un des ouvriers les plus actifs de la rupture entre l'Eglise gallicane et Rome, et il sait entraîner un nombre considérable de prêtres, qu'il rallie à l'Eglise constitutionnelle.

Dès lors, il ne cesse de s'occuper des questions les plus diverses, et nous découvrons déjà en lui le type du politicien omniscient et interchangeable. La Convention le charge tout d'abord de rédiger les *Annales du*

---

1. Voir l'article paru dans la *Revue Bleue*, 5 mai 1900.
2. Notons, au passage, que Grégoire est l'auteur de ce néologisme : « vandalisme », qui fut bientôt adopté par toutes les langues européennes.
3. Cette solennelle périphrase désigne, on le devine, la chimie.

Civisme, où seront consignés les exemples vertueux qui ont illustré la Révolution. Bientôt après, notre homme expose un projet relatif à la fondation d'une vaste confédération littéraire et morale entre les écrivains et les savants de tous les pays. Il s'occupe ensuite de la suppression des académies, qu'il réorganise sur des bases nouvelles. Il compte parmi les fondateurs les plus remuants de l'Institut, du Conservatoire des Arts et Métiers, du Bureau des Longitudes. Il établit trois importants rapports sur les excès du vandalisme. Il se fait le propagateur infatigable de l'instruction publique, suit de près l'organisation des bibliothèques, déclare la guerre aux patois locaux, organise des maisons modèles d'économie rurale, multiplie les jardins botaniques, s'occupe avec enthousiasme du sort des nègres et, en février 1794, obtient l'abolition complète de l'esclavage colonial que, bientôt, rétablira Napoléon. Ses absorbantes fonctions à la Convention, l'administration de son diocèse, ses missions dans les départements ne parviennent à réduire son activité littéraire, philanthropique, historique, religieuse, politique.

Ne nous y laissons pas prendre : Grégoire est surtout un agité, un dilettante, un utopiste au grand cœur, certes, mais un historien fort sujet à caution.

Ne le voyons-nous pas émailler son récit d'une erreur certaine, lorsqu'il attribue la cynique repartie à Dumas, président du Tribunal révolutionnaire, alors que, nous l'avons déjà noté, en raison de l'absence de Dumas les 18 et 19 floréal, les débats furent dirigés ces jours-là par le vice-président Coffinhal ? Grégoire joue vraiment de malheur ! Car ce mauvais début risque fort de lui aliéner la confiance du lecteur le moins méfiant...

Bien entendu, Grégoire ne donne jamais la moindre référence. Il écrit, il parle, il tranche, il affirme, il écrit avec une telle abondance et sur tant de sujets ! On ne saurait exiger d'un polygraphe aussi prolixe une vérification serrée de ses sources.

Nous restons cependant curieux de savoir où il a recueilli lui-même sa petite histoire. Mais il semble bien que la réponse à ce point d'interrogation doive encore se faire attendre.

— " Il n'y a rien de changé en France,
   il n'y a qu'un Français de plus."

　　　　Paroles de Charles X à son entrée
　　　dans Paris.　　　　　Septembre 1824.

XVI

« RIEN N'EST CHANGÉ EN FRANCE, IL N'Y A QU'UN FRANÇAIS DE PLUS ! »

Un mot heureux

Le 6 avril 1814, au palais de Fontainebleau, Napoléon abdiquait. Quelques jours après, l'empereur des Français devenait simplement le souverain de l'île d'Elbe.

Tout le Nord-Est de la France se trouvait alors envahi par les alliés : Russes, Prussiens, Anglais, dont les armées occupaient la capitale. Dans ce Paris qui, depuis huit ans, s'enivrait de gloire napoléonienne, les Bourbons venaient d'être « ramenés » dans les fourgons de l'étranger, et pour conquérir à nouveau la nation, la royauté avait besoin d'un de ces mots historiques qui remuent les foules, qui endorment les défiances et qui provoquent l'enthousiasme. Il fallait, en une phrase concise et sentimentale, annoncer aux Français que le pays allait tranquillement reprendre sa vie normale et retrouver le bonheur dans la paix et le travail.

Ce mot si opportun, destiné aussi à atténuer quelque peu chez nos compatriotes l'amertume de la défaite, sera prononcé par le comte d'Artois, frère du roi Louis XVIII, en la mémorable journée du 12 avril 1814, à l'occasion de l'entrée du prince à Paris. La phrase devint aussitôt célèbre, et sa fortune fut considérable. Reçu à la barrière de Bondy par Talleyrand, « Monsieur[1] » répondit à l'ambassadeur par cette parole mémorable : « Rien n'est changé en France, il n'y a qu'un Français de plus ! »

Expression heureuse, on en conviendra. Les journaux s'empressent

---

[1]. Depuis le XVIe siècle, « Monsieur » était le titre du frère du roi de France. En l'occurrence, Marie-Joseph de Saxe, comte d'Artois, était le frère de Louis XVI et de Louis XVIII. Il succédera à ce dernier, en 1824, sous le nom de Charles X.

de publier cette déclaration rassurante que les royalistes feignent de considérer comme un engagement solennel pris par les Bourbons à leur retour d'exil. Dans les harangues officielles, les orateurs ne manqueront pas de rappeler, devant le comte d'Artois, ce trait sublime qui fait larmoyer tous les assistants, y compris les anciens bonapartistes ; et, dans ses remerciements, Monsieur daignera parfois commenter, tantôt avec finesse, tantôt avec bonhomie, la phrase qu'il avait prononcée le 12 avril, et qui devenait de plus en plus populaire.

L'arrivée de « Monsieur » à Paris

Disons tout de suite que nous connaissons très exactement les circonstances dans lesquelles prit naissance ce mot, que l'Histoire considère aujourd'hui comme une des « forgeries » les mieux réussies. C'est le faussaire lui-même — en l'espèce le comte Beugnot[1], collaborateur direct de Talleyrand — qui va nous révéler la façon dont il dut, sur l'injonction de son chef hiérarchique, enrichir l'histoire de France...

Mais, avant de nous faire pénétrer dans les secrets du laboratoire, Beugnot a soin de rapporter les détails circonstanciés et véridiques de l'entrée de Monsieur dans la capitale.

Donc, en cette matinée printanière du 12 avril 1814, Paris prenait un air de fête pour recevoir dignement le comte d'Artois, revenant dans ce palais des Tuileries d'où la Révolution l'avait chassé. La ville semblait se soucier assez peu de l'empereur qui, encore à Fontainebleau[2], venait, la nuit précédente, de tenter de s'empoisonner. Napoléon paraissait — déjà — appartenir à une époque révolue. De la barrière de Bondy au Louvre, sur tout le parcours du cortège princier, on n'apercevait pas une seule fenêtre qui ne fût occupée. Cette même foule qui, dix ans auparavant, ovationnait l'empereur se rendant à Notre-Dame pour la cérémonie du sacre — ce même peuple qui, il y a vingt ans, accompagnait gaiement jusqu'à l'échafaud la charrette de Marie-Antoinette en hurlant le *Ça ira* — cette même multitude poussait, aujourd'hui, des cris de joie, applaudissait à tout rompre, chantait le refrain du *Bon Henri IV*, pleurait d'émotion en assistant au retour du frère de l'infortuné Louis XVI... Ce qu'il est convenu d'appeler « la politique » nous réserve, de temps à autre, de ces étranges spectacles.

Pour recevoir le comte d'Artois aux portes de la capitale, il fallait, on s'en doute, un personnage de premier plan. Qui donc choisir, sinon Talleyrand ? Après avoir trahi l'Ancien Régime pour la Révolution, puis la Révolution pour l'Empire, le ci-devant évêque d'Autun, aujourd'hui prince de Bénévent par la grâce de Napoléon, trahissait l'Empire pour les Bourbons.

Voilà donc le héraut qui s'avançait au-devant du petit-fils de saint Louis, pour lui souhaiter la bienvenue au nom de la France.

D'après les témoins oculaires, Talleyrand, s'autorisant de son infirmité[3],

---

1. *Mémoires du comte Beugnot*, Tome II.
2. Napoléon ne quittera Fontainebleau que le 20 avril, huit jours après ces événements.
3. Il était, comme on sait, pied bot.

s'appuya sur l'encolure du cheval que montait le comte d'Artois, et, avec une grâce nonchalante, adressa au prince un discours aimable, mais des plus brefs. De tous côtés, la foule poussait des acclamations, forçait les barrages, entourait le cortège. Et le prince, d'une voix entrecoupée par l'émotion, ne trouva à répondre à la harangue que ces simples mots, à la vérité assez quelconques : « Monsieur de Talleyrand, messieurs, je vous remercie, je suis trop heureux ! Marchons... je suis trop heureux ! »

On se remit donc en route, en direction de Notre-Dame, car, avant de rallier le palais des Tuileries, le comte d'Artois tenait à s'arrêter quelques instants dans la vieille cathédrale pour rendre grâces. Les cloches sonnaient à toute volée, le soleil était de la partie, les oiseaux mêmes, paraît-il, chantaient à tue-tête.

La journée s'annonçait radieuse, il ne manquait rien à la fête... si ce n'est un mot historique.

Heureusement pour les Bourbons, Talleyrand veillait.

Comment on fabrique un mot historique

On se doute bien que, en raison des fonctions qu'il remplissait alors au ministère de l'Intérieur, le comte Beugnot fut, ce jour-là, accablé de travail et de responsabilités. Enfin, vers les onze heures du soir, croyant avoir terminé sa tâche, il se rendit rue Saint-Florentin, à l'hôtel de M. de Talleyrand, et il trouva le diplomate en conversation amicale avec Pasquier, Angles et Dupont de Nemours. La conversation roulait, naturellement, sur l'entrée du comte d'Artois à Paris, et l'on se félicitait hautement de l'attitude vraiment parfaite de Monsieur.

Or, tout à coup, Talleyrand s'avise qu'il faut pour le *Moniteur* un article relatant ces mémorables événements. Aussitôt, Dupont de Nemours s'offre. « Non pas, interrompt Talleyrand, vous y mettriez de la poésie, je vous connais. Beugnot suffit pour cela ; qu'il passe dans ma bibliothèque et qu'il broche bien vite un article pour que nous l'envoyions à Sauvo ! »

Avec sa naïveté coutumière, Beugnot nous conte comment il commença son pensum. Dépeindre l'arrivée du prince, décrire l'enthousiasme populaire, passe encore. Mais, lorsque notre chroniqueur improvisé arriva à la réponse adressée par le comte d'Artois à la harangue de Talleyrand, il hésita longuement... Certes, Beugnot possédait une excellente mémoire, et la phrase de Monsieur lui tintait encore aux oreilles : « Monsieur de Talleyrand, messieurs, je vous remercie... Marchons, marchons, je suis trop heureux ! » Il ne pouvait être question de publier une pareille repartie, aussi totalement dépourvue de noblesse... Après quelques essais infructueux, Beugnot décida de confier son embarras à Talleyrand.

« Voyons, qu'a dit Monsieur ? — interroge le prince de Bénévent. — Je n'ai pas entendu grand'chose ; il me paraissait ému et fort curieux de continuer sa route ; mais si ce qu'il a dit ne vous convient pas, faites-lui une réponse ! » — « Mais comment faire — interroge Beugnot — un discours que Monsieur n'a pas tenu ? » — « La difficulté n'est pas là, coupe Talleyrand. Faites-le bon. convenable à la personne et au moment, je vous promets que Monsieur l'acceptera, et si bien qu'au bout de deux jours il croira l'avoir fait ! Vous n'y serez pour rien... »

Le pauvre Beugnot, refoulé dans la bibliothèque, s'essaie à mettre sur pied une nouvelle version. Tâche ingrate. Quelques instants après, il reparaît devant l'aréopage. Talleyrand examine le texte d'un œil froid, puis le rend au journaliste *in partibus* : « Ce n'est pas cela — prononce le prince de Bénévent. — Monsieur ne fait pas d'antithèses, et pas la plus petite fleur de rhétorique ! Soyez court, soyez simple, et dites ce qui convient davantage à celui qui parle et à ceux qui écoutent : voilà tout ! »

« Voilà tout ! », c'était vite dit... Heureusement, quelqu'un vient au secours de Beugnot : « Il me semble — suggère Pasquier — que ce qui agite bon nombre d'esprits est la crainte des changements que doit occasionner le retour des princes de la maison de Bourbon. Il faudrait peut-être toucher ce point-là, mais avec délicatesse. » — « Bien, et je le recommande », souligne Talleyrand. Mais la deuxième version de l'infortuné Beugnot connaît le même insuccès, et le tribunal littéraire de la rue Saint-Florentin trouve maintenant le texte trop long, le style un peu apprêté...

Enfin, le comte revient avec un troisième essai. Il semble que, cette fois, Talleyrand lise avec quelque complaisance ces lignes... que nous retrouverons le lendemain, en bonne place, dans les colonnes du *Moniteur* : « Plus de divisions : la paix et la France. Je la revois enfin. Et rien n'est changé, si ce n'est qu'il s'y trouve un Français de plus ! »

« Pour cette fois, je me rends ! — s'écria le diplomate. C'est bien là le discours de Monsieur, et je vous réponds que c'est lui qui l'a fait ! Vous pouvez être tranquille, à présent... »

Quelques jours après, la presse française reproduisait l'article du *Moniteur* ; et les lecteurs attendris essuyaient furtivement un pleur en lisant la noble proclamation lancée d'une façon si spontanée par le comte d'Artois, au moment de son entrée dans la capitale.

Désormais, l'histoire comptait un nouveau « mot ».

« ...Un Français de plus ! »

« Par ce mot remarquable et digne d'un fils d'Henri IV — déclara un jour Mathieu Mole au comte d'Artois — vous avez résolu la question. »

A la vérité, nulle profession de foi ne pouvait mieux rassurer cette pauvre France, saignée à blanc par des expériences financières et militaires des plus tragiques. Somme toute, les Bourbons déclaraient ainsi qu'ils acceptaient le passé révolutionnaire ; ainsi donc, une monarchie, qui se disait sage et sans passions, allait reprendre en main la direction des affaires publiques.

« Un Français de plus » : l'expression était heureuse. Elle fit aussitôt figure de programme politique. Ce qui permit au chansonnier Béranger de rimer ces vers sentimentaux :

> *Nos cœurs émus*
> *Comptent un Français de plus.*

Certes, on ne saurait disputer à Beugnot la paternité de la phrase que, sans façon, Monsieur prit à son compte. Il faut cependant souligner qu'à Paris, peu de jours avant l'abdication de Napoléon Ier, il courait déjà certain dicton, assez cruel pour l'empereur : « Bientôt, il n'y aura en France qu'un Français de moins. »

Nul doute que Beugnot se soit, d'une façon plus ou moins consciente, inspiré de cet épigramme pour ciseler son mot, promis à un si grand succès.

Pour terminer, je citerai un autre mot historique, bien authentique celui-là, mais assez peu connu — sans doute parce qu'il n'est pas apocryphe. La boutade appartient à Barrière qui, commentant le fameux « Français de plus », ajouta plaisamment : « Tout le monde ne fut pas du même avis. Il fallut prouver au comte d'Artois qu'il y avait un Français... de trop. »

Mais ceci, dirait Kipling, c'est une autre « histoire ».

XVII

« SOLDATS, DU HAUT DE CES PYRAMIDES, QUARANTE SIÈCLES VOUS CONTEMPLENT ! »

La bataille des Pyramides
 « Le 19 juillet 1798 — écrit Napoléon dans ses *Mémoires* — l'armée était à ce moment-là à cinq lieues du Caire. Elle aperçut pour la première fois les Pyramides, les plus grands et les plus anciens monuments qui soient sortis de la main des hommes. Elles bordaient l'horizon du désert et paraissaient comme trois énormes rochers. Mais en les regardant avec attention, la régularité des arêtes décelait la main des hommes. »
 De son côté, François Durand, musicien à la 5e demi-brigade, consigne ces réflexions dans son carnet de route : « Nous arrivons devant les Pyramides après douze jours de marche bien pénible. On les aperçoit à quinze lieues dans le désert. »
 L'armée grogne. Les hommes souffrent terriblement de la soif, le ciel est de feu. L'ennemi suit les colonnes à quelque distance, et harcèle les traînards. Le soldat, assez démoralisé, se demande pour quelles étranges raisons politiques on l'a exilé dans ces sables, et il ne cache pas son mécontentement. On marche, on marche toujours, mais sans se battre. Bonaparte sent bien que, pour reprendre en main l'armée, il faut remporter au plus tôt une victoire décisive...

 Justement, le 3 thermidor — 21 juillet 1798, vieux style — devant ces fameuses Pyramides qui constituent en quelque sorte l'antichambre du Caire, les Mameluks semblent vouloir offrir le combat. Dans les redoutes d'Embabeh, Mourad Bey tient en réserve vingt-quatre mille fantassins ; mais il place tout d'abord, entre le Nil et les Pyramides, une éblouissante armée de dix mille cavaliers, dont les armes et les vêtements somptueux étincellent au soleil. D'un coup d'œil, Bonaparte a compris la manœuvre qui s'imposait : comme l'artillerie égyptienne est montée sur affûts fixes, et, de ce fait, ne peut se déplacer rapidement, les Français vont appuyer leur gauche au fleuve, leur droite au désert, de façon à se tenir hors de la portée des batteries ennemies. Pour soutenir l'assaut de la cavalerie égyptienne, notre armée se forme en cinq carrés, de six rangs de profondeur. Chacun de ces carrés se trouve respectivement commandé par Desaix, Reynier, Dugua, Bon et Menou. Dans le carré du centre, Bonaparte dirige les opérations. Sans ordre, sans mouvement d'ensemble, les Mameluks vinrent jeter follement leurs chevaux sur cette forêt de baïonnettes qui ne bronchait pas d'un pouce. « On les laissa approcher jusqu'à cinquante pas, et on les accueillit par une grêle de balles et de mitrailles, qui en fit tomber un grand nombre sur le champ de bataille. Ils se jetèrent dans l'intervalle que formaient les deux divisions, où ils furent reçus par un double feu qui acheva leur défaite[1]. » Bientôt, le carré de Douga, qui, par ordre de Bonaparte, s'était peu à peu avancé jusqu'au Nil, coupa la retraite naturelle des Mameluks vers la Haute-Egypte. Abandonnant le terrain, les cavaliers de Mourad Bey s'enfuirent en désordre dans un galop terrifié ; ils laissèrent sur place plus d'un millier de morts ou de blessés.

La bataille se termina par l'enlèvement des positions d'Embabeh à la baïonnette. La victoire française était complète. Nous comptions à peine une centaine d'hommes hors de combat.

Selon une belle tradition historique, communément admise et qu'il faut rappeler ici, au moment même où la bataille allait s'engager, Bonaparte, se levant sur ses étriers, aurait montré de la pointe de son sabre les trois énormes masses de granit, en criant à ses soldats : « Songez que du haut de ces Pyramides quarante siècles vous contemplent ! »

A la recherche du « mot » : carence du témoin principal

Il est tout naturel, on en conviendra, que nous cherchions, tout d'abord, la célèbre phrase dans les documents contemporains de la campagne d'Egypte. Malheureusement, nous aurons beau compulser comptes rendus officiels et mémoires particuliers, nous n'en découvrirons aucune trace.

Interrogeons d'abord, comme il convient, les *Bulletins et Ordres du jour* du général Bonaparte. Ce dernier retrace très sobrement un tableau de l'engagement, mais nulle part il ne mentionne les brillantes paroles que lui attribue la légende. « Le 2 thermidor au matin — écrit-il — nous aperçûmes les Pyramides. Le 2 au soir, nous nous trouvions à six heures du Caire, et j'appris que les vingt-trois beys, avec toutes leurs forces, s'étaient retranchés à Embabeh. Le 3, à la pointe du jour, nous rencontrâmes les avant-gardes, que nous repoussâmes de village en village. A deux

---

1. *Bulletins et Ordres du jour de Napoléon.*

heures de l'après-midi, nous nous trouvâmes en présence des retranchements et de l'armée ennemie. J'ordonnai aux divisions des généraux Desaix et Reynier de prendre position sur la droite, entre Gyseh et Embabeh, de manière à couper à l'ennemi la communication de la Haute-Egypte, qui était sa retraite naturelle... Dès l'instant que Mohamed Bey s'aperçut du mouvement du général Desaix, il se résolut à le charger. »

Suit la description de la bataille, illustrée de nombreux détails stratégiques. Bonaparte procède ensuite au dénombrement des chameaux et des canons capturés, et souligne les très lourdes pertes de l'adversaire.

Dans ce rapport adressé au Directoire, le jeune général de l'armée d'Egypte n'avait vraiment aucune raison pour passer sous silence la belle proclamation lancée au début de la bataille des Pyramides. Le mot historique eût obtenu, à Paris, un succès certain. Mais Bonaparte, si prolixe sur certains détails de second ordre, ne fait pas la moindre allusion à son apostrophe. Serait-ce par modestie ?

Mais continuons notre enquête.

A la recherche du « mot » : carence des témoins secondaires

Il est à noter que nous possédons, outre le rapport officiel de Bonaparte, un certain nombre de relations écrites par les témoins oculaires de la bataille des Pyramides, et qui nous donnent, eux aussi, des renseignements de première main sur cet engagement. Or, dans ces mémoires, pas la moindre allusion à l'apostrophe de Bonaparte.

Dans son *Journal*, le chef d'escadron Savary note brièvement : « 3 thermidor (21 juillet). De bon matin, l'armée est réunie. Nous partons aussitôt. A peine avons-nous fait une demi-heure de marche que nous rencontrons les Mameluks. On fait halte ; l'on se met en carrés et l'on marche ainsi.

« Bataille d'Embabeh (des Pyramides). Nous arrivons à Giseh à la nuit. Ce jour-là, les troupes ont marché en carré au son du tambour pendant dix-huit heures. »

Ici, rien sur le mot, comme on voit. Mais Savary écrit avec un tel laconisme qu'on ne saurait exiger de lui des détails circonstanciés sur des épisodes secondaires.

Par contre, le général Belliard se montre plus prolixe. L'officier nous conte comment l'armée française aperçut l'ennemi en avant du village d'Embabeh. Aussitôt, Bonaparte prend ses positions de combat. Déjà, les Mameluks fondent sur nos troupes avec une impétuosité folle. Mais nos soldats reçoivent l'ennemi par un feu bien nourri. Bientôt, la cavalerie ennemie fuit en déroute...

Pas plus que Savary, Belliard ne parle de l'apostrophe légendaire.

Peut-être objectera-t-on que ces officiers supérieurs s'intéressaient surtout à des questions de tactique, et négligeaient les à-côtés anecdotiques. Reportons-nous donc au manuscrit dont nous avons, tout à l'heure, extrait quelques passages — je veux parler du *Journal* de François Durand,

« musicien à la 75ᵉ demi-brigade ».

Durand estime à quinze mille cavaliers[1] l'armée des Mameluks qui, par une fantasia échevelée, essaient tout d'abord, hors de portée de fusil, d'intimider l'infanterie du corps expéditionnaire. Puis, il fait le récit de l'assaut terrible, impétueux : sur les carrés français, les beys voient leurs charges se briser. En raison de l'élan donné à leur monture, quelques cavaliers réussissent à traverser la sextuple ligne de baïonnettes ; et Durand nous rapporte que ces forcenés tombèrent, à demi morts, à l'intérieur même de son carré. « Leur bravoure chevaleresque — ajoute le musicien — fut terminée en criant : « Allah ! », dernière phrase articulée par ces insensés cavaliers. Allah veut dire : Dieu, c'est-à-dire : Nous sommes perdus ! » Durand, on le voit, ne néglige jamais le côté pittoresque de la « petite histoire » ; et, pourtant, il ne dit rien du mot du général en chef. Un homme du peuple aurait dû être frappé par cette déclaration, et même si, de son poste, Durand n'avait pas entendu l'apostrophe de Bonaparte, comment supposer qu'après le combat la magnifique déclaration n'ait pas été connue de toute l'armée ?

C'est à dessein que j'ai gardé pour la fin des citations un extrait de la *Relation*[2] du général Berthier, car il se trouve, dans ce texte, une phrase qui, à mon avis, pourrait bien avoir donné naissance à la légende.

Le chef d'état-major de l'armée d'Orient nous conte comment le corps expéditionnaire s'avança vers Embabeh. Il nous décrit ensuite l'apparition des Mameluks, qui se forment en bataille, à droite, dans la plaine. « Un spectacle aussi imposant n'avait pas encore frappé les regards des Français. La cavalerie des Mameluks était couverte d'armes étincelantes. On voyait, en arrière de la gauche, ces *fameuses Pyramides* dont la masse indestructible a survécu à tant d'empires et *brave depuis trente siècles les outrages du temps*. Derrière sa droite était le Nil, le Kaire, le Makattam, et les champs de l'antique Memphis. » Berthier, dont la plume devient lyrique, se lance ensuite dans une poésie de *Bœdeker* avant la lettre : *Mille souvenirs se réveillent à la vue de ces plaines où le sort des armes a tant de fois changé la destinée des empires.* » Je fais grâce du reste.

Ces Pyramides dont la masse indestructible brave le temps depuis *trente siècles* ont retenu mon attention critique, car il suffira désormais à un faussaire adroit de reprendre la phrase d'une façon un peu plus nerveuse, de la transformer en une apostrophe directe, d'y ajouter simplement dix siècles : et le « mot historique » de Bonaparte se trouve constitué.

Mais qui donc aurait présidé à cette magnifique métamorphose ?

Apparition et apothéose

Ce mot dont ne fait mention aucun officier, aucun soldat de l'armée d'Egypte, nous le voyons apparaître... en France, naturellement... et cinq ans après la bataille des Pyramides.

---

1. Comme il convient, Durand exagère quelque peu. Les Mameluks, nous l'avons vu, formaient une armée d'une dizaine de mille hommes.
2. *Relation des campagnes du général Bonaparte en Egypte et en Syrie*. Paris, An VIII.

Quelques auteurs inclinent à croire que cette apostrophe fut, pour la première fois, rapportée dans une *Histoire de Bonaparte, premier consul*, rédigée en 1803 par un anonyme. Je n'oserais les suivre dans leurs précisions, mais je dois bien reconnaître que c'est, en effet, à cette époque que l'on commence à parler des « quarante siècles »...

A dire vrai, la fable connaîtra une grande vogue surtout après le Salon de 1810, où le baron Gros exposa son fameux tableau destiné à magnifier l'épisode qui nous intéresse. Cette œuvre, commandée pour recouvrir certain panneau du palais des Tuileries, est actuellement à Versailles. On voit, au centre de la toile, le jeune général en chef au moment où il proféra sa phrase glorieuse : « Soldats, du haut de ces Pyramides, quarante siècles vous contemplent ! » D'une main, le conquérant maintient son cheval ; de l'autre, il montre les trois énormes Pyramides. Autour de lui, Murat, Duroc, Berthier, Junot, le jeune sous-lieutenant Beauharnais. En arrière, Lassalle, Desaix. Au fond, on distingue la cavalerie des Mameluks.

C'est avec le Salon de 1810 que fut consacrée, de façon définitive, l'apostrophe célèbre, et nombre d'anciens combattants d'Egypte furent, je pense, assez surpris de l'apprendre si tard, et à cette occasion.

...Mais il était préférable, pour eux, de ne pas trop manifester leur étonnement, puisque le « mot historique » d'Embabeh se trouvait aujourd'hui célébré par le peintre officiel de l'empereur, et que, de ce fait, Napoléon paraissait fort désireux de s'attribuer la paternité de la phrase.

On n'avait donc plus qu'à s'incliner respectueusement.

Un supertruquage

Au moment où, dans la cour du palais de Fontainebleau, Napoléon se sépara de sa Vieille Garde, l'empereur promit à ses grenadiers de raconter à la postérité leurs magnifiques campagnes. « J'écrirai — leur dit-il — les grandes choses que nous avons faites ensemble ! » Mais les trois mois passés à l'île d'Elbe ne permirent point d'exécuter ce projet grandiose. Napoléon ne rédigera son *Mémorial* qu'à Sainte-Hélène[1], et là, durant six années, il se consacrera tout entier à ce travail.

Je n'ai pas, ici, à porter un jugement général sur cette œuvre monumentale qui s'appelle le *Mémorial*. On me permettra pourtant de noter au passage que Napoléon resta jusqu'à son dernier souffle l'infatigable agent de publicité de la légende impériale. Ne nous étonnons donc pas trop si, de temps à autre, nous prenons l'auteur en flagrant délit d'inexactitude, pour ne pas dire plus. C'est ainsi que, dans deux écrits où il est question de la bataille des Pyramides, nous voyons apparaître, in extenso, et en bonne place, la fameuse phrase... qui ne fut pas prononcée.

Examinons les textes.

Les compagnons de captivité de Napoléon nous rapportent qu'il écrivait rarement lui-même ; il préférait dicter à l'un de ses généraux, quitte ensuite à relire, à corriger, à annoter ; parfois même, mécontent de la première version, il en dictait une seconde, et si elle ne le satisfaisait

---

1. Napoléon commença même à dicter ses mémoires sur le navire qui le transporta à Sainte-Hélène.

point, il n'hésitait pas à recommencer la rédaction, dans la marge[1].

Or, deux ouvrages composés dans ces conditions nous fournissent des détails fort intéressants sur la bataille des Pyramides. Le premier de ces livres[2] fut dicté au général Gourgaud, et voici de quelle façon l'empereur note l'épisode : « Ce fut au commencement de cette bataille que Napoléon adressa aux soldats ces paroles si célèbres : *Du haut de ces Pyramides, quarante siècles vous contemplent !!!* » En effet, il n'y a pas trop de trois points d'exclamation.

D'autre part, le général Berthier publiera plus tardivement, en 1847, sous le titre de *Campagne d'Egypte et de Syrie*, les souvenirs qui lui furent dictés par le prisonnier de Sainte-Hélène, et que celui-ci corrigea copieusement au crayon. Voici comment le mot se trouve cité : « Au moment de la bataille, Napoléon avait dit à ses troupes, en leur montrant les Pyramides : Soldats, quarante siècles vous regardent ! »

On connaît la fable du coq et de la perle : le volatile porte la pierre précieuse à un joaillier, en lui avouant qu'un grain de mil ferait bien mieux son affaire. De même pour nous. Toutes ces belles perles (je veux parler du tableau de Gros, daté de 1810, ainsi que des assurances données par Napoléon postérieurement à 1815) ne sauraient nous éblouir par leur orient, c'est bien le cas de le dire. Tout comme le coq d'Esope, nous préférerions des trouvailles moins brillantes, mais plus substantielles : la déposition, par exemple, d'un simple « musicien à la 75e demi-brigade », qui, en cette splendide journée du 3 thermidor, devant les Pyramides de Giseh, aurait entendu le mot ; ou bien une rapide allusion à la phrase, soit dans une lettre, soit dans un rapport de Berthier, ou, mieux encore, une brève note de Bonaparte, mais datée de 1798 !

Hélas ! de pareils témoignages font complètement défaut. Et l'Histoire se défie des mots à retardement. Même lorsque, au truquage primitif, l'auteur supposé du mot croit devoir, plusieurs années après, se l'attribuer sans vergogne.

---

1. Comme Jules César dans ses *Commentaires*, Napoléon parle de lui-même à la troisième personne : Napoléon arriva... Napoléon commanda...
2. *Mémoires du général Gourgaud*. 1823, Tome II.

XVIII

« COMMEDIANTE ! TRAGEDIANTE ! »

Un Pape qui vient sacrer un Empereur

Le 25 novembre 1804, Napoléon courait le cerf en forêt de Fontainebleau, lorsqu'une estafette vint à franc étrier le prévenir du passage imminent de la voiture du pape Pie VII au carrefour tout proche de la Croix-de-Saint-Herem. Le Souverain Pontife se rendait, comme on sait, à Paris, pour sacrer le nouveau César à Notre-Dame.

Aussitôt, Bonaparte abandonne la chasse, et, en un temps de galop, arrive à la croisée des chemins, à l'instant même où débouche l'équipage du Saint-Père. Napoléon saute à bas de sa monture ; le pape met pied à terre ; les deux hommes s'embrassent.

Le hasard — on l'a déjà deviné — avait été, en l'occurrence, considérablement aidé par l'empereur. Celui-ci, en effet, désirait marquer qu'il ne reconnaissait pas la suprématie du chef de l'Eglise ; et, afin de se soustraire à une réception officielle qui aurait fatalement soulevé de délicates questions de préséances, le conquérant avait imaginé cette rencontre... imprévue, en plein bois.

Comme par un second hasard, également providentiel, un carrosse impérial se trouve là, à deux pas. Mais, pour monter en voiture, l'un des deux souverains devra s'effacer devant l'autre... Rassurons-nous : d'avance, Napoléon a réglé la question. Tandis qu'on ouvre au pape la portière de gauche, le Corse, au même instant, entre par la portière opposée — et, naturellement, s'installe sur le siège de droite, c'est-à-dire à la place d'honneur ! Puis, le carrosse part au grand galop, en direction du palais de Fontainebleau.

A la vérité, Pie VII était d'un caractère trop conciliant pour soulever un incident à propos d'une simple question d'étiquette. D'ailleurs, il connaissait de longue date le caractère despotique de son hôte, et il savait d'avance que son séjour en France serait marqué de pénibles épreuves. Cette cavalière « réception » en forêt ne constituait, il s'en doutait bien, qu'un simple prélude.

L'empereur allait profiter du court séjour du pape à Fontainebleau pour examiner, de concert avec Pie VII, certaines questions de politique religieuse, aussi urgentes que délicates. Et l'on rapporte qu'au cours d'une de ces discussions plus ou moins orageuses, le Saint-Père, excédé du machiavélisme de son adversaire, aurait laissé échapper à mi-voix, mais pourtant de façon très distincte, cette parole lapidaire : « *Commediante ! Tragediante !* »

L'anecdote se trouve rapportée pour la première fois, semble-t-il, par Alfred de Vigny, en des pages délicieuses[1]. La longueur du chapitre m'interdisant de le rapporter en entier, je le résumerai de mon mieux.

Après quelques passes d'armes destinées tantôt à effrayer, tantôt à rassurer le chef de l'Eglise, Bonaparte offre à Pie VII de partager avec lui le monde : au pape, l'organisation spirituelle de la chrétienté — à l'empereur, la guerre et la politique. « Nous aurions nos conciles, comme Constantin et Charlemagne ; je les ouvrirais et les fermerais ; je vous mettrais ensuite dans la main les vraies clefs du monde... je garderais l'épée, moi ; je vous la rapporterais seulement à bénir après chaque succès de nos armes. » Le pape, jusque-là immobile et muet, relève la tête ; puis, comme se parlant à lui-même, il lance, dans un soupir, ce simple mot : « *Commediante !* »

On devine la colère — une « colère jaune », dit Vigny — qui soulève alors Bonaparte. On imagine également la tirade romantique : « Mon théâtre, c'est le monde ; le rôle que j'y joue, c'est celui de maître et d'auteur ; pour comédiens, je vous ai tous, papes, rois, peuples ! » Tout en débitant son rôle, le Corse marche de long en large, martelant le plancher de ses talons éperonnés, s'arrêtant parfois avec brusquerie devant le Pontife toujours immobile dans son fauteuil, puis reprenant sa course nerveuse et poursuivant son réquisitoire qui, de minute en minute, se fait plus violent, plus menaçant. Enfin, l'empereur se tait. Et dans ce silence lourd de menaces, le pape jette encore un mot, un seul mot : « *Tragediante !* »

La scène, on en conviendra, ne manque pas de pittoresque. Nous ne saurions nous étonner si elle frappa fortement les imaginations, non seulement en France, mais à l'étranger. A la tribune même du Reichstag, Bismarck ne craignit pas, certain jour, de rappeler — il est vrai avec une légère variante — le fameux épisode : « Le pape se permit de qualifier Napoléon de *Commediante !*, et Napoléon répondit, avec beaucoup de présence d'esprit : *Tragediante !* »

---

1. *Servitude et grandeur militaires* (Le dialogue inconnu).

Le mot, nous l'avons dit, semble donc avoir pour parrain Alfred de Vigny, c'est-à-dire un romancier. Cette qualité est-elle bien de nature à rassurer les historiens ?

Erreur de dates

Comme nous le verrons bientôt, les mémorialistes ont longuement discuté pour savoir si, au cours des entretiens particuliers de Fontainebleau, Napoléon traita le pape avec quelque rudesse. Mais, avant d'étudier ce point, il convient de souligner qu'Alfred de Vigny commet ici une regrettable confusion de dates.

Pie VII, en effet, « résida » à deux reprises différentes à Fontainebleau. La première fois en invité, lorsque, à la fin de l'année 1804, on l'avait, avec politesse, mais avec fermeté, mandé en France pour couronner le nouveau César ; la deuxième fois, en 1812-1814, comme prisonnier d'Etat : transporté presque moribond de Savone en France, il fut, dès son arrivée, mis au secret ; et l'empereur joua l'intimidation pour arracher à ce vieillard malade, affaibli, entouré d'espions, le nouveau concordat si funeste pour Rome.

Or, c'est en 1813, au cours de ce second séjour à Fontainebleau (et non en 1804, comme le rapporte à tort Vigny), que le Pontife se trouvera en butte à des tracasseries, à des brimades sans nombre. C'est donc au cours de ce second voyage en France que, d'après les auteurs bien renseignés, eurent lieu de dramatiques discussions entre le pape et l'empereur.

Sans doute, faut-il considérer l'erreur de dates d'Alfred de Vigny comme une simple étourderie de romancier. Car, de l'avis même des témoins, sur la foi des mémorialistes, et aussi selon l'opinion des historiens contemporains les plus autorisés, l'épisode mouvementé que nous rapporte l'auteur de *Servitude et grandeur militaires* n'a pu prendre place qu'en janvier 1813.

Ce point définitivement acquis, il ne nous reste plus qu'à savoir si des textes de l'époque nous permettent d'authentifier l'épisode avec certitude.

De Vigny a-t-il romancé l'histoire ?

Ces entrevues de Fontainebleau[1], assurent certains auteurs, se déroulèrent dans le calme le plus parfait. Erreur ! ripostent d'autres érudits. Les conversations de janvier 1813 n'ont pas tardé à prendre une tournure fort peu diplomatique, et Napoléon sut se montrer, à l'égard du Souverain Pontife, parfaitement désagréable...

Qui croire ? Examinons nous-mêmes les dépositions des divers témoins.

Nous interrogerons d'abord ceux qui soutiennent la première de ces deux thèses : celle de la cordialité parfaite.

Nous ne nous étonnerons pas de trouver, en tête de ce chapitre, une

---

1. Je ne parlerai plus des conversations de 1804 qui, désormais, ne présentent plus aucun intérêt pour l'étude que nous poursuivons ici.

déclaration... de Napoléon lui-même. A Sainte-Hélène, le souverain déchu se plaît à vanter sa « patience » en ces circonstances difficiles. Mais, outre que cette attestation paraît quelque peu sujette à caution, elle reste fort imprécise. Plus intéressante, certes, est la déclaration même du pape, recueillie par le cardinal Pacca. Ce dernier, dans ses *Mémoires*, nous rapporte un témoignage de première main qui semble réduire à néant toutes les accusations : « L'illustre auteur de l'ouvrage intitulé : *De Bonaparte et des Bourbons* a écrit que Napoléon, dans un accès de colère, osa frapper le pape et le traîner par les cheveux. Je puis certifier que Pie VII, plusieurs fois interrogé sur cette particularité, répondit toujours que cela était faux. » Ailleurs, ce même cardinal Pacca nous dépeint la scène touchante de l'arrivée de l'empereur dans le salon où se trouve déjà le Saint-Père, entouré de cardinaux et d'évêques : Napoléon entre impétueusement, court vers Pie VII, le serre dans ses bras... Un autre témoin, Mgr de Pradt, évêque de Malines, avoue que, parfois, la discussion des articles du concordat s'animait un peu ; mais le prélat prend soin de spécifier que « les formes les plus augustes et les plus amicales furent continuellement observées ». Dans ces conditions, comment admettre que le pape, d'ordinaire si doux et si affable, ait pu se laisser aller à traiter l'empereur de « comédien » et de « tragédien » ? L'anecdote semble donc peu vraisemblable. Et Mole lui donna le coup de grâce le 29 janvier 1846, jour où, recevant de Vigny à l'Académie française, il assura que ce récit devait être considéré comme une création, un jeu de l'imagination du poète.

Il convient d'ajouter, en toute impartialité, que ce même cardinal Pacca, qui, tout à l'heure, nous a dépeint les débuts de la première séance sous un jour idyllique, nous donne, par la suite, des détails plus inquiétants. Selon ce témoin, qui se trouva mêlé de très près aux discussions diplomatiques de janvier 1813, Napoléon aurait parlé au pape « avec hauteur et mépris, jusqu'à le traiter d'ignorant en matière ecclésiastique ». Les débats durent se poursuivre sur un ton assez vif. En dépit des assurances que nous ont données précédemment certains auteurs, il est fort probable que Napoléon s'exprima assez souvent avec une rudesse toute militaire.

Mais si cette dernière révélation éclaire d'un jour nouveau les relations de l'empereur et du pape, elle ne saurait en rien nous autoriser à admettre l'authenticité de la fameuse boutade : « *Commediante, tragediante* », dont aucun contemporain ne dit mot.

Aussi, hier encore, les historiens s'accordaient-ils, de façon unanime, à considérer l'anecdote rapportée par Alfred de Vigny comme une fable sans fondement.

Et, pourtant, nous allons le voir, c'était — pour une fois — le romancier qui avait « presque » raison contre les érudits.

De Vigny a romancé à peine l'histoire

Il a fallu attendre la parution des travaux du comte de Mayol de Lupé[1]

---

1. *La captivité de Pie VII* (d'après des documents inédits), par le comte de Mayol de Lupé, 2 vol., 1916.

pour avoir enfin la clef de l'énigme.

Cet historien attire, en effet, l'attention des chercheurs sur un document jusqu'ici négligé des Archives du Vatican. Cet écrit qui, d'ailleurs, avait déjà été publié par le P. Ilario Rinieri, fut rédigé par Mgr Gazzola, évêque de Cervia, qui, plus tard, devait recevoir la pourpre cardinalice. Ce prélat, profitant de ce qu'au mois d'avril 1814 Pie VII séjournait dans son évêché où il passa une journée entière et une nuit, se hasarda à interroger le Souverain Pontife sur les traitements dont il avait été l'objet à Fontainebleau. Le pape voulut bien répondre à cette question si directe, et s'expliqua sans aucune réticence : l'empereur s'était rendu auprès de lui pour traiter des affaires de l'Eglise de France et pour tâcher de résoudre les différends avec Rome ; les débats furent longs et pénibles, car le Saint-Père s'obstinait à repousser les articles proposés par l'empereur. « Dans une conférence — confia Pie VII à Gazzola — l'empereur, pris de colère en raison de mes constants refus, accomplit à mon égard un acte qui me fit dire : *Oh ! l'affaire a commencé comme une comédie et veut finir en tragédie.* Ce sont là ses propres paroles — ajoute l'évêque de Cervia — et rien ne fut conclu. »

Comme Gazzola consigne par écrit ses souvenirs quatre ans après son entretien avec Pie VII, il avoue ne plus se souvenir exactement du motif qui valut à Bonaparte cette cinglante apostrophe. Certes, il faut le regretter. Mais ce manque de mémoire sur un simple point de détail ne saurait suffire à mettre en doute le témoignage du prélat.

Le comte de Lupé, qui n'abandonne pas facilement une bonne piste, a demandé à d'autres chroniqueurs quelques précisions sur cette séance orageuse ; il croit pouvoir reconstituer assez approximativement la scène en s'appuyant sur le témoignage de Paul Van der Vrecken[1], à qui Pie VII, le 27 septembre 1814 (c'est-à-dire cinq mois après son entretien avec Mgr Gazzola), aurait fait une déclaration très nette au sujet des prétendus actes de brutalité dont se serait rendu coupable Napoléon. « Cela est faux — assure Pie VII — et je vous invite à dire en mon nom à tous ceux qui vous en parleront que jamais il ne s'est porté à mon égard à un tel excès. Mais, un jour, dans la chaleur de la dispute, au sujet de la renonciation aux Etats romains, selon l'habitude qu'il avait, il me prit par un bouton de la soutane et me secoua si fort en le tirant que tout mon corps remuait. C'est probablement de cela qu'on veut parler. »

Quoi qu'il en soit de ce détail, il reste que la phrase rapportée par Mgr Gazzola a des rapports très étroits avec le récit d'Alfred de Vigny, qu'on ne peut accuser d'avoir imaginé le mot de toutes pièces. S'il a pu faire erreur sur la date, s'il a romancé la discussion du pape et de l'empereur, Vigny a raison pour le fond — c'est-à-dire pour la substance du mot historique — contre les érudits qui lui en attribuent l'invention totale.

---

1. Ce témoignage se trouve rapporté par Welschinger dans son ouvrage : *Le Pape et l'Empereur*. Paris, 1905.

— "A l'officier anglais qui lui dit : " Rendez-vous " !
Le général Cambronne répond :
" La Garde meurt et ne se rend pas ! "

Bataille de Waterloo
18 Juin 1815.

XIX

LE MOT DE CAMBRONNE

L'a-t-il dit ? Ne l'a-t-il pas dit ?

Avant toute discussion, je rappellerai brièvement les circonstances dans lesquelles le mot aurait été prononcé. Le 18 juin 1815, à huit heures du soir, sur le champ de bataille de Waterloo, l'armée française, décimée, taillée en pièces par les forces anglo-allemandes, battait en retraite en direction de Charleroi. L'arrière-garde, constituée par trois bataillons de la Garde impériale, se repliait, tout en combattant, sur Belle-Alliance ; un de ces bataillons marchait sous le commandement du général Cambronne qui, à cheval, le visage noir de poudre et les habits déchirés par la mitraille, dirigeait cette difficile opération stratégique. La nuit commençait à tomber. Un officier anglais, jugeant désespérée la situation du dernier carré, cria aux Français de se rendre. Et Cambronne, furieux, de répondre à cette sommation par un seul mot, très énergique, et assez connu pour qu'on me dispense de l'écrire ici en toutes lettres.

Il est vrai que ce terme quelque peu scatologique allait bientôt être remplacé, dans la légende napoléonienne, par la phrase d'un style plus académique : « La Garde meurt et ne se rend pas ! » Car, selon l'explication même de Lamartine, le juron de Cambronne est « une de ces trivialités, cyniques d'expression, que le soldat comprend et que les historiens traduisent plus tard en phrases de parade... ».

Nous voici donc en présence de deux versions différentes. Le général Cambronne a-t-il envoyé à la figure des Anglais le mot brutal, énergique ? Ou bien a-t-il formulé, tel un héros antique, la noble phrase que nous trouvons dans les livres destinés à l'instruction de la jeunesse ?

A dire vrai, Cambronne n'a prononcé ni la phrase, ni le mot. Et il est nécessaire, pour les besoins de la démonstration, d'étudier séparément la genèse de ces deux apostrophes héroïques.

LA PHRASE

La naissance d'une phrase légendaire

De même qu'un artiste arrive par retouches successives à l'œuvre définitive, de même la phrase légendaire attribuée au général Cambronne dut subir plusieurs modifications de détail avant d'être adoptée par l'histoire ; et nous pouvons aujourd'hui, grâce à un minutieux dépouillement d'archives, suivre la célèbre apostrophe dans ses diverses transformations.

Le 21 juin au matin, trois jours après Waterloo, Paris apprend avec stupeur la déroute de nos armées. Le 22 juin, les journaux de la capitale publient le compte rendu de la bataille, mais sans faire la moindre allusion à Cambronne. Il nous faudra attendre le 24 juin pour voir apparaître en bonne place, dans le *Journal Général de France*, le récit épisodique du combat, relatant l'héroïque conduite du général de la Vieille Garde : «... Les généraux anglais, pénétrés d'admiration pour la valeur de ces braves, ont député vers eux, pour les inciter à se rendre, protestant qu'ils les regardaient comme les premiers soldats de l'Europe. Le général Cambronne a répondu par ces mots : *La Garde impériale meurt, et ne se rend pas !* La Garde impériale et le général Cambronne n'existent plus. » *Le Patriote de 89*, quotidien du soir, reproduira textuellement la note dans son édition du même jour.

Les journalistes, on le devine, allaient exploiter comme il convient cette information (?) sensationnelle. Le dimanche 25 juin, la *Gazette de France*, renchérissant sur la feuille rivale, plagiait son article, et fabriquait à son tour une phrase historique, sans toutefois l'attribuer au général Cambronne : « Les ennemis, frappés par tant d'audace et de valeur, leur crient de se rendre, et leur promettent qu'ils seront traités avec tous les honneurs de leur bravoure. *Non ! Non !* répondent les chefs et les soldats, *la Vieille Garde ne capitule pas, ne se rend pas, elle sait mourir !* » En somme, en voulant enjoliver le texte paru dans le *Journal Général*, la *Gazette de France* n'avait réussi qu'à abîmer la belle réponse attribuée à Cambronne.

Déjà il est vrai, le samedi 24, un autre journal, *L'Indépendant*, avait publié l'entrefilet suivant : « Hier au soir, à huit heures, un colonel, passant la revue des fédérés, leur a dit : *Mes amis, on va vous donner des armes. Songez qu'il vaut mieux mourir que de nous rendre esclaves. — Oui, oui, ont répondu les fédérés, nous le jurons !* » Mais, comme la réponse de Cambronne aux Anglais commence à circuler maintenant dans Paris, *L'Indépendant*, avec une certaine désinvolture, abandonne aussitôt l'histoire de « son » colonel ; et, reprenant avec assez de bonheur la riposte de Cambronne parue dans le *Journal Général*, confectionne l'anecdote suivante :

« 27 juin. Les fédérés ont fait élever à la mémoire de nos braves morts à la malheureuse affaire du 18 un monument sur lequel, entre autres inscriptions, on lira ces paroles du général Cambronne : *La Garde meurt et ne se rend pas !* »

En trois jours, et après trois essais plus ou moins heureux, voici donc la phrase arrivée à sa forme définitive. Alerte, bien rythmée, et proprement « lapidaire », elle a vraiment belle allure, et fera son chemin dans le monde.

Il ne manque plus maintenant à l'apostrophe de Cambronne qu'un cachet officiel d'authenticité. Cette estampille va lui être donnée dès le lendemain. Comme, le 28 juin, Garat propose à la Chambre de recueillir « les beaux traits des soldats vaincus à la fatale journée, particulièrement celui d'un héros qui a dit : *Je meurs et je ne me rends pas* », Pénières, député de la Corrèze, s'écrie : « Le nom de l'officier qui a prononcé ces paroles ne doit pas être ignoré : c'est le brave Cambronne. » Pénières devait être un lecteur assidu de *L'Indépendant*...

Dès lors, journalistes, historiens, publicistes, biographes, mémorialistes et anecdotiers vont répéter désormais la phrase historique ; et le général Cambronne, en compagnie de sa repartie magnifique, entrera tout naturellement dans la légende napoléonienne.

Recherche de paternité

Dès 1815, Cambronne et sa phrase ont donc leur place marquée dans l'histoire de France.

Mais, trois ans à peine après Waterloo, un incident fortuit va remettre en question toute l'affaire ; et bientôt, comme nous allons le voir, il faudra bien, en face de preuves péremptoires, reléguer « l'immortelle apostrophe » parmi les mystifications les mieux réussies.

A la fin de l'année 1818, de Jouy, auteur d'une tragédie intitulée *Bélisaire*, reçoit de la censure l'ordre de supprimer ces deux vers, qui évoquent sans doute avec trop de précision un des épisodes les plus populaires de l'épopée napoléonienne :

« Un dernier cri de gloire annonce leur trépas,
Ils meurent, les Gaulois, ils ne se rendent pas ! »

L'allusion à la légendaire réponse de Cambronne est claire ; personne ne s'y méprend. Aussitôt, dans leur numéro du 14 décembre 1818, le *Publiciste* et la *Quotidienne*, organes officieux du gouvernement de Louis XVIII, commencent à crier bien haut que la phrase prêtée au général de la Vieille Garde n'a, en fait, jamais été prononcée. Et les feuilles royalistes de remarquer avec malice combien il semble difficile d'attribuer au général Cambronne cette mâle déclaration : « La Garde meurt et ne se rend pas », puisque le général n'est pas mort... et s'est rendu !

Quarante-huit heures après cette escarmouche, une troisième gazette légitimiste, le *Journal des Débats*, lance un autre ballon : à l'en croire, la légendaire apostrophe ne connut point les honneurs du champ de bataille, pour la bonne raison qu'elle fut fabriquée plusieurs jours après

Waterloo, dans la salle de rédaction du *Journal de France*.

On devine l'émotion soulevée dans le camp bonapartiste par cette révélation sensationnelle. Les journaux de l'époque se préparèrent donc à répondre vertement aux insinuations de la presse royaliste : hélas ! les partisans de l'authenticité présentèrent une défense plus que pitoyable... « Ces paroles — avoue le *Journal du Commerce* — sont à jamais honorables non seulement pour l'illustre capitaine qui les avait prononcées, mais encore pour les soldats au nom desquels il les avait prononcées. » A dire vrai, ce verbiage ne signifie pas grand-chose. Par ailleurs, une autre feuille bonapartiste proclame avec emphase : « *La Garde meurt et ne se rend pas* ne le cède à aucun des mots que l'antiquité nous a transmis. » Nous n'en doutons pas ; mais, ce qui importe, c'est de savoir si le *Journal de France* a, oui ou non, commis une imposture en inventant, et en lançant en circulation une phrase historique apocryphe. Or, le quotidien ainsi pris à partie s'empêtre dans des explications aussi pénibles que fumeuses : « L'héroïsme de cette parole — publie le *Journal Général de France* dans une de ses réponses les plus directes — n'est certes pas dans l'articulation des syllabes dont elle se compose, mais dans le sentiment qu'elle exprime et dans l'action qu'elle accompagne. » Des justifications de ce genre ne pouvaient, on le devine, convaincre personne.

C'est un certain Rougemont, journaliste à la plume inventive, qui, dans la journée du 23 juin 1815, créa de toutes pièces la fameuse réponse, et la plaça dans la bouche du général Cambronne[1] ; le lendemain, il la faisait paraître dans le *Journal Général de France*, et nous avons vu tout à l'heure comment, en passant par le canal de quatre journaux différents, elle subit plusieurs métamorphoses avant d'aboutir à sa forme définitive : « La Garde meurt et ne se rend pas. »

Mais comment donc nous est-il permis de considérer Rougemont comme l'auteur de ce truquage ? Voici l'histoire. Dès que la presse parisienne eut publié la prétendue réponse de Cambronne aux sommations anglaises, quelques députés, émus de ces nouvelles, se réunirent dans un bureau de la Chambre, et s'accordèrent à juger « anti-napoléonienne » l'apostrophe prêtée au général ; aux yeux de ces bonapartistes convaincus, l'empereur était un soldat invincible ; or, la malencontreuse phrase du journaliste pouvait laisser supposer l'anéantissement de l'armée... Sur-le-champ, on décida de traduire Rougemont, auteur de la phrase incriminée, à la barre de l'Assemblée. Averti par des amis de la tournure que prenait l'affaire, Rougemont attendait au journal sa convocation par ministère d'huissier. Il attendit en vain. Car, entre temps, Fouché, l'adroit et subtil Fouché était intervenu, très opportunément ; le ministre révéla aux politiciens que la défaite de Napoléon était une triste réalité ; en conséquence, il convenait de ne point inquiéter un publiciste dont les informations allaient, tout au moins dans leur ensemble, se trouver confirmées

---

1. D'ailleurs, Rougemont a parfaitement respecté la règle du jeu journalistique : quand on truque une histoire, il est toujours recommandé de mettre en scène un mort, de façon à éviter, le lendemain, des rectifications ennuyeuses. Au moment où Rougemont écrivit sa chronique, on pensait que Cambronne était au nombre des disparus.

d'ici peu. On renonça donc à l'audition de Rougemont, mais cet épisode permet aujourd'hui aux historiens d'identifier, sans erreur possible, l'auteur de la phrase « historique[1] ».

Naturellement, le grand public ignora d'abord cette petite cuisine parlementaire. Seuls, quelques rares initiés en recueillirent les échos. Mais lorsque s'engagea la polémique par les soins du *Publiciste* et de la *Quotidienne*, les journalistes du parti monarchiste se firent un malin plaisir de dévoiler le truquage et d'en faire connaître le mécanisme.

Désormais, il devenait assez difficile de soutenir que la phrase : « La Garde meurt et ne se rend pas ! » avait été prononcée[2]. Le champ de bataille de Waterloo se trouvait inopinément remplacé par une salle de rédaction ; le général Cambronne laissait la place au journaliste Rougemont, et, tout comme dans un conte de Perrault, le sabre d'un général se métamorphosait en une plume d'oie.

LE MOT

La naissance d'un mot historique

Si la phrase emphatique : « La Garde meurt et ne se rend pas ! » a été fabriquée six jours après Waterloo par le journaliste Rougemont, par contre le juron de Cambronne n'obtiendra de succès, historiquement parlant, qu'une quinzaine d'années après, aux environs de 1830. D'ailleurs sa vogue, au début, sera des plus médiocres. Nous noterons bien, chez les biographes du général, quelques timides allusions à la réponse... lapidaire ; mais il faudra attendre la parution, en 1862, des *Misérables*, pour voir le mot faire son entrée triomphale dans nos annales militaires.

Je transcris le passage célèbre de Victor Hugo, dont le pavillon couvre — si j'ose dire — la marchandise :

« ... Ils purent entendre dans l'ombre crépusculaire qu'on chargeait les pièces ; les mèches allumées, pareilles à des yeux de tigres dans la nuit, firent cercle autour de leurs têtes ; tous les boutefeux des batteries anglaises s'approchèrent des canons ; et alors, ému, tenant la minute suprême suspendue au-dessus de ces hommes, un général anglais, Colville selon les uns, Maitland selon les autres, leur crie : *Braves Français, rendez-vous !* Cambronne répondit : *Merde !* »

Victor Hugo se montra assez fier de son acte de bravoure ; pour la première fois dans notre littérature, le vocable apparaissait imprimé dans

---

1. Dans la *Réforme Littéraire* du 23 juillet 1862, Arago conte en détail cette curieuse anecdote de la vie parlementaire au moment de la chute de Napoléon. D'autre part, Charles de Rozoir, ex-professeur d'histoire au lycée Louis-le-Grand et suppléant de Lacretelle en Sorbonne, assure, dans *L'Encyclopédie catholique* (1843), qu'il peut certifier personnellement que la réponse de Cambronne fut fabriquée de toutes pièces par Rougemont.

2. Je ne m'attarderai pas à réfuter ici les assertions de l'ancien grenadier Antoine Deleau, qui assurait avoir entendu proférer par le général Cambronne, sur le champ de bataille de Waterloo, la phrase traditionnelle. Quand il fit sa déclaration, officiellement enregistrée à la préfecture de Lille, le 30 juin 1862, il avait soixante-dix ans... Ce témoignage à retardement d'un bon vieillard, à la mémoire peut-être assez affaiblie, est plus que sujet à caution !

son entier. Audace un peu puérile, et de goût discutable. Mais le grand poète romantique s'enorgueillissait fort d'avoir ainsi « déposé du sublime dans l'histoire ». — « M. Victor Hugo — écrit spirituellement Alfred Nettement dans *L'Union* du 27 mai 1862 — dit le mot sans façon à ses lecteurs dans sa brutale crudité. Il le tourne et le retourne, il l'admire, il l'agenouille, il est en extase devant ce mot ; il le trouve digne d'Eschyle, sublime, titanique... »

Les historiens vont-ils réagir violemment contre cette nouvelle fumisterie ? En aucune façon. Ils semblent éprouver une sorte de crainte sacrée à toucher à cette idole littéraire qu'est Victor Hugo, à ce demi-dieu du romantisme qui pourrait les foudroyer en fronçant les sourcils...

Aussi, en toute quiétude, notre historien-amateur assurera-t-il d'un ton doctoral, à la face du monde : « Je persiste, quant à moi, à croire qu'un *seul* mot a été prononcé par Cambronne. »

Avec un tel parrainage, le prétendu juron de Waterloo allait connaître un succès immense.

Recherche de paternité

Trop grand seigneur pour aller puiser sa documentation aux sources, Victor Hugo se contenta de reprendre les données de la tradition populaire. A cette époque, en effet, le juron de cinq lettres tendait à remplacer, dans le dernier épisode de la bataille de Waterloo, la noble phrase si longtemps prêtée à Cambronne. Hugo suivit donc la foule, aussi bien dans ses affirmations fantaisistes que dans ses goûts scatologiques : il ne faut rien négliger, lorsque l'on vise à un succès de librairie.

Hugo se contenta donc de « lancer » le mot, de le consacrer littérairement. Mais qui donc, le premier, l'attribua au général ?

Nous aurions pu noter tout à l'heure que, à partir de 1830, chroniqueurs et anecdotiers semblent délaisser de plus en plus la « phrase » de Cambronne, pour adopter le « mot ». Il importe de dire que le juron n'attendit pas aussi longtemps pour faire son apparition dans le récit du combat : dès 1815, il obtenait un succès d'estime. Cependant, durant les premières années de la Restauration, aucun auteur ne consentira à prendre en considération le terme scatologique, et les préférences des écrivains iront à l'apostrophe lyrique, qui paraît empreinte d'une noblesse antique. L'époque des « ultras » est encore trop guindée, trop nourrie de classiques. Il faudra attendre le débraillé du romantisme et des révolutions populaires de 1830 et de 1848 pour que les Français, changeant d'idéal littéraire, changent également, sans plus de façon, les mots historiques de leurs héros, et fassent leur choix entre deux variantes concurrentes.

Mais d'où venait la formule « brève », chère à Victor Hugo ? C'est seulement en 1910 qu'un chercheur érudit, M. Henselin[1], put fournir une solution satisfaisante. En 1815, le capitaine de vaisseau Collet (celui-là

---

1. Référence indiquée par C. Pitollet, dans son ouvrage : *La vérité sur le mot de Cambronne*. Bruxelles, 1921.

même qui, avec le grade de contre-amiral, dirigera plus tard les opérations du blocus d'Alger), commandant à ce moment la *Melpomène*, rencontra devant Ischia le navire anglais *Rivoli* ; sommé de se rendre, Collet répondit au commandant anglais ce mot, très éloquent dans sa brièveté : « M... ». Ceci se passait exactement *quarante-neuf jours avant Waterloo*.

La coïncidence est troublante. Et, tout en se gardant de romancer l'histoire, on peut bien admettre que la légende ait préféré emprunter au héros de cet obscur combat naval le fameux juron monosyllabique, pour le mettre sur les lèvres de Cambronne.

UN SILENCE INQUIÉTANT

Le mutisme du général Cambronne

Or, Cambronne mourut non à Waterloo, comme l'annonçait trop précipitamment Rougemont dans son article fantaisiste du 24 juin 1815[1], mais à Nantes, en 1842, soit vingt-sept ans après le mémorable combat de Hougomont. Pendant plus d'un quart de siècle, le général assista donc aux discussions passionnées qui se déclenchèrent au sujet du mot de Waterloo ; le glorieux soldat se vit attribuer d'abord une phrase lyrique, digne de la légende antique, puis un juron de corps de garde.

A ces attaques, à ces polémiques, Cambronne ne répondit rien, absolument rien, ce qui s'appelle rien.

Cependant, dans le camp bonapartiste, on continuait à soutenir que le commandant de la Vieille Garde avait dû dire crûment leur fait aux Anglais. Le silence de l'officier s'expliquait fort bien, assuraient les demi-solde, par les prévenances que prodiguait le gouvernement de Louis XVIII à l'ancien compagnon de l'empereur : Cambronne devait éprouver quelque scrupule à authentifier publiquement le mot qu'il avait lancé en 1815 à la face des Anglais, ces Anglais devenus aujourd'hui les restaurateurs des Bourbons sur le trône de France.

L'explication ne manque pas d'habileté, mais elle ne saurait tenir devant certains faits. Lorsque, en décembre 1815, Cambronne put quitter les geôles anglaises et revenir en France, il s'empressa d'écrire au ministre de la Guerre pour se mettre à sa disposition, car notre général se trouvait désigné, en compagnie de Drouot, de Labédoyère, du maréchal Ney, pour être traduit devant un jury militaire. Le 16 avril 1816, Cambronne est appelé à comparaître. Il a choisi comme défenseur un jeune homme de vingt-cinq ans, Berryer fils, dont le talent commence déjà à s'imposer ; et, de fait, Cambronne sera acquitté. Dans la grandiloquente plaidoirie prononcée à cette occasion, nous pourrions nous attendre à découvrir une allusion directe à la phrase lancée sur le champ de bataille de Waterloo. C'eût été, à la vérité, fort habile, et l'avocat aurait trouvé là des effets oratoires irrésistibles... Mais non, Berryer ne rappellera point l'apostrophe héroïque, considérée cependant à cette époque

---

1. On apprit que Cambronne n'était pas mort à Waterloo par *L'Oracle*, de Bruxelles, qui signalait la présence dans la ville de trois prisonniers de marque : Cambronne, Lobau et Compans. Plusieurs journaux parisiens, le *Journal du Commerce*, le *Journal général de France*, le *Journal de Paris*, reproduisirent aussitôt cette information dans leur édition du 30 juin.

comme une des plus belles reparties de l'histoire[1].

Plus tard, après le procès, et jusqu'à sa mort, Cambronne se dérobera à toute explication loyale, qui eût permis de mettre au point une question si âprement discutée.

Pourquoi ce silence de Berryer ? Pourquoi cette prudence de la part de Cambronne ? Quel est donc ce mystère ?

Ce secret, un homme va nous le dévoiler — celui qui, au soir du 18 juin 1815, sur le champ de bataille de Waterloo, fit prisonnier le général de la Vieille Garde dans des conditions plutôt inattendues.

Un témoin gênant

En 1863 décédait en Allemagne le baron colonel Hugh Halkett, qui s'était distingué à Waterloo, du côté des alliés, en ramenant un prisonnier de marque, le général Cambronne[2].

Or, de 1815 à 1863, c'est-à-dire pendant quarante-huit ans, Halkett ne manquera pas de protester avec énergie contre la tradition historique qui s'obstinait à attribuer à Cambronne tantôt une parole lyrique, tantôt un mot scatologique ; et tandis que le général français observait un silence assez diplomatique, le baron anglais ne cessait de répéter publiquement, en toute occasion, le récit circonstancié de son exploit[3]. Ce récit, le voici résumé en quelques mots.

Au moment de la bataille de Waterloo, la brigade de landwehr de Hanovre, commandée par Hugh Halkett, fut incorporée à la deuxième division de l'armée de Wellington ; on plaça cette brigade à l'extrémité de l'aile gauche des alliés, et cette troupe se trouva ainsi, en fin de journée, à Hougomont. Vers les huit heures du soir, comme l'armée française se retirait en déroute, le baron remarque à l'arrière-garde ennemie un officier supérieur qui s'efforce, mais en vain, de modérer le repli par trop rapide de ses hommes. Un instant après, Halkett s'aperçoit que ce même

---

1. On ne peut alléguer que ce fut par respect pour la vérité, car Berryer sait très bien, à l'occasion, décrire les faits d'une façon... plus que tendancieuse. Ne rapporte-t-il pas, au cours de sa plaidoirie, que Cambronne, « blessé, fut ramassé parmi les morts » ? Or, d'après les témoins oculaires qui virent arriver Cambronne dans les lignes anglaises, la blessure du général était grave, mais ne l'empêchait point de marcher. Il était « tout couvert de sang d'une blessure reçue à la tête ». On s'est demandé si cette plaie provenait d'un coup de sabre décoché par l'officier qui le fit prisonnier. Cette version semble peu probable, si l'on s'en rapporte au certificat médical dressé en 1820 par le docteur Zandig, ancien chirurgien de l'armée des chasseurs à pied de l'ex-garde ; décrivant les huit blessures reçues par le général Cambronne au cours de sa carrière, le praticien note au passage : « ...une blessure profonde avec perte de la substance osseuse, située au-dessus de l'œil gauche et répondant à la partie externe et supérieure de l'arcade orbitaire du coronal. Cette blessure, résultat d'un *coup de feu* reçu à la bataille de Waterloo, occasionne des céphalalgies intenses qui se renouvellent à des époques très rapprochées. »

2. Hugh Halkett, né en 1783 à Muselburg (Angleterre), se fixa, après 1815, à Hanovre, en Prusse. Il reçut le titre de baron en 1858, à l'occasion de l'anniversaire de Waterloo, et les Chambres de Hanovre lui votèrent une pension. C'était, rapporte-t-on, un petit homme gai, jovial, remuant, parlant un allemand fantaisiste avec un effroyable accent anglais. Il mourut à Hanovre.

3. Le rôle de premier plan joué par Halkett dans l'épisode du dernier carré de Waterloo a été récemment étudié de façon magistrale par C. Pitollet, dans une plaquette très documentée. L'auteur a écrit cet ouvrage pour réfuter la thèse exposée par M. Henry Houssaye, d'abord en 1898, puis en 1906, dans une monographie intitulée : *La Garde meurt et ne se rend pas. Histoire d'un mot historique*, et tendant à soutenir l'authenticité du mot.

officier, qui vient de perdre son cheval, se trouve à environ cent cinquante mètres en arrière de la colonne française. L'idée vient alors à Halkett d'attaquer cet isolé en combat singulier : donnant de l'éperon à sa monture, il l'enlève au galop, et, le sabre haut, arrive sur l'officier ennemi. Ce dernier, devant une attaque aussi inattendue, jette son épée en criant : « Je me rends. » Puis il se nomme : « Général Cambronne. » Halkett saisit son prisonnier par les aiguillettes et revient à vive allure vers le bataillon hanovrien. Mais voici que s'abat le cheval du colonel ; le cavalier se dégage ; aussitôt relevé, il s'aperçoit que le général Cambronne vient de mettre à profit cet incident pour s'échapper et tenter de regagner les lignes françaises. Halkett, à pied maintenant, poursuit « son » prisonnier, le rejoint, le saisit au collet, et avec sa prise, regagne vivement la brigade hanovrienne. Cambronne halète, s'ébroue. Et le baron colonel Hugh Halkett se plaisait d'ordinaire à terminer son histoire par ce mot cinglant : « Voilà le héros qui aurait dit : *La Garde meurt et ne se rend pas !* »

    On conviendra que n'importe quel matamore pouvait, pour les besoins de la cause, inventer un récit de ce genre. Il s'agit donc d'examiner d'une façon critique la déposition de ce témoin à charge. A dire vrai, le récit du colonel présente de sérieuses références.

    En effet, il se trouve qu'à l'issue de la bataille de Waterloo, Hugh Halkett adressa à Henry Clinton un rapport détaillé où se trouvait consignée l'opération en question. D'ailleurs, pendant le demi-siècle qui lui restera à vivre, le baron anglais contera souvent cette anecdote, à laquelle il ne changera pas un seul détail. « Un an avant sa mort — rapporte M. Alexander S. Graham, beau-frère de Halkett[1] — le vieillard répétait à qui voulait l'entendre les détails de la capture de Cambronne. » De plus, le Révérend C. Allix Wilkinson, qui resta l'ami de l'officier anglais jusqu'à la disparition de ce dernier, nous a laissé dans ses *Mémoires*[2] un récit qui correspond exactement[3] à la version primitive. Il faut dire également qu'un des fils du vieux soldat, le colonel James Halkett, rapporta au colonel Dehnel ce même trait, et Dehnel consigna l'anecdote dans son ouvrage : *Erinnerungen deutscher Offiziere in britischen Diensten aus den Kriegsjahren* 1805 bis 1816.

    Mais ce qui nous donne plus encore à réfléchir, c'est le récit circonstancié de cet épisode que Halkett tint à faire sur son lit de mort ; il en dicta un résumé, désireux qu'il était, par cette déclaration *in extremis*, de détruire la légende du « mot historique » qu'il avait combattue avec tant de ténacité depuis 1815. Il faut bien avouer que cette confession ultime, très énergique, mais dénuée de toute forfanterie, possède un accent de sincérité absolue.

    Un fait d'armes aussi original, aussi curieux que la capture du général Cambronne, enlevé par un cavalier au galop sur un front de bataille, ne

---

1. Cette lettre adressée à *The Scotsman* fut reproduite ensuite par le *Times*.
2. *Reminiscences of the Court and Times of the King Ernest of Hanover.*
3. Seul, l'épisode du cheval abattu a été omis par le mémorialiste.

pouvait passer complètement inaperçu. Aussi trouvera-t-on le même épisode raconté par le capitaine W. Siborne dans son *History of War in France and Belgium*. L'auteur proteste contre l'attribution d'un mot historique quelconque au général Cambronne, et il donne une version absolument identique à celle de Halkett ; l'historien ajoute même que le colonel anglais remit son prisonnier à un sergent des Osnabrückers, avec mission de l'amener à Wellington. Enfin, nous possédons le récit d'un témoin oculaire, officier du bataillon de la landwehr « Osnabrück », et cette narration concorde point par point avec les assertions de Hugh Halkett[1].

Un mot qui porte bonheur

Ce silence que les historiens et les chercheurs reprochent à Cambronne, comment donc l'expliquer ? Assez facilement, je crois.

En effet, sous des dehors un peu rudes, Cambronne se révèle un politique habile, sachant fort bien tirer parti des événements en vue de son avancement militaire. Dès qu'il comprend que la ruine de l'Empire est définitive, l'ancien général de la Vieille Garde s'efforce de rentrer en grâce auprès des Bourbons, et demande à reprendre du service sous la cocarde blanche[2]. Le 1er juillet 1818, il parvient à se faire réintégrer à titre de demi-solde. Bientôt, le voici nommé maréchal de camp par Louis XVIII, et confirmé par le roi dans son titre de baron[3] ; le 18 août 1819, il reçoit l'ordre de Saint-Louis, puis, en 1820, le commandement de la place de Lille. Le 17 août 1822, il sera nommé vicomte par le roi[4]. Sans doute la légende du « dernier carré » de Waterloo n'est-elle pas tout à fait étrangère à cette brillante réhabilitation. En dépit de ces légitimes préventions contre les anciens compagnons d'armes de « l'usurpateur », le roi ne pouvait laisser trop longtemps dans l'ombre l'auteur présumé du « mot historique » le plus extraordinaire des temps modernes...

Certes, les contemporains du général ne se privèrent point, nous l'avons vu, de discuter âprement autour de l'apostrophe, et de mettre en doute son authenticité[5]. Mais, trop fin pour prendre part à ces controverses passionnées, Cambronne, s'enfermant dans un silence hautain, s'abstenait soit de confirmer, soit de démentir. De même qu'il n'avait rien fait pour « lancer » le mot, de même il n'entreprit rien pour détruire la fable dont il devenait le héros. Et de façon fort adroite, il sut tirer profit de la

---

1. Ce récit fut, par la suite, publié dans le *Militaër Wochenblatt*, 10 juin 1876.
2. Curieux retour des choses : Cambronne, en effet, avait commencé sa carrière sous les Bourbons. En 1789, le futur général de Napoléon Ier était simple sergent.
3. Le titre de baron avait été concédé à Cambronne par Napoléon, le 10 juin 1810.
4. Il convient d'ajouter qu'en 1836, sous le gouvernement de Louis-Philippe, il fut question de faire graver le nom de Cambronne sur la face nord de l'Arc de Triomphe de l'Etoile. En attendant, le roi octroya la plaque de grand officier de la Légion d'honneur.
5. La bibliographie complète de la question doit tenir à peu près sur une quinzaine de pages in-16, et les adversaires de l'authenticité sont presque aussi nombreux que les partisans de la thèse opposée... Notons, au passage, que les historiens prudents : Thiers, Guizot, Henri Martin, n'ont voulu conclure ni pour, ni contre.

légende qui s'était tissée autour de son nom[1].

Dans ces conditions, il devait user d'une extrême prudence : rien ne l'assurait qu'un jour la version ne serait pas connue et adoptée en France[2]. Le journaliste Rougemont était encore vivant, et, dans un accès de franchise, il pouvait d'un moment à l'autre avouer publiquement sa supercherie. Il n'y avait rien d'impossible à ce que le capitaine de vaisseau Collet revendiquât, lui aussi, l'honneur d'avoir répondu « brièvement » aux Anglais. On le voit, le silence de Cambronne s'explique parfaitement : en se taisant, il exploite avec habileté « sa » légende, qui continue à le servir tant que la vérité ne s'impose pas. Et en supposant qu'un jour elle vienne à éclater, on ne pourrait toujours pas accuser d'imposture le général, qui s'était abstenu de toute déclaration.

Cambronne jouait donc « sur le velours ». Car, s'il n'a pas prononcé le mot qu'on lui attribue, par contre, le mot, fidèle à la tradition, semble vraiment lui avoir... porté bonheur.

---

1. Il convient de signaler ici un incident curieux. Après la mort de Cambronne, la ville de Nantes décida d'élever une statue à son glorieux enfant ; et, sur le socle du monument, on grava la phrase devenue classique : « La Garde meurt et ne se rend pas ! » Aussitôt, les deux fils du lieutenant-général Michel, tué à Waterloo, adressèrent au roi une requête : ils assuraient que cette apostrophe avait été lancée par leur père quelques instants avant de mourir, et, en conséquence, ils demandaient la suppression de l'inscription sur le piédestal de la statue de Cambronne. Sans s'expliquer sur le fond, le Conseil d'Etat jugea que le débat devait être circonscrit entre la famille Michel et la ville de Nantes. Il est difficile d'admettre que le général Michel ait pu prononcer ces mots. Voici d'ailleurs la conclusion de Stoffel, ancien aide de camp de Napoléon III, qui étudia de très près les divers épisodes de la bataille de Waterloo, et qui interrogea, au préalable, la plupart des survivants du drame : « Michel fut tué au commencement de la première attaque de la Garde, quand tout allait bien, ou plutôt quand rien ne faisait prévoir un échec. A ce moment-là, les Anglais ne refoulaient pas (comme ils le firent après l'attaque) les carrés français ; il n'est donc pas possible que Michel ait prononcé la phrase prêtée à Cambronne. »
Malheureusement, certains historiens mal informés continuent à attribuer à Michel la paternité de la phrase.

2. Heureusement pour Cambronne, il y avait, à ce moment-là, en France, tout un clan cocardier qui se plaisait à qualifier « d'entreprise peu patriotique » les recherches que certains érudits essayaient de poursuivre dans les ouvrages étrangers. Curieuse façon de concevoir l'histoire, que de rejeter ainsi, de parti pris, des documents militaires dignes de foi, sous prétexte qu'ils provenaient des bibliothèques d'anciens adversaires.

Andrew Jackson

XX

« O. K. »

Une faute d'orthographe
Souvent, en France, il nous prend fantaisie d'adopter pour un temps quelque vocable anglo-saxon, emprunté soit à nos voisins d'outre-Manche, soit à nos amis d'outre-Atlantique. C'est ainsi que, depuis la guerre, le monde des affaires use, chez nous, à tout propos — souvent même hors de propos — de l'expression américaine « Okeh », pour témoigner qu'on a compris ou qu'on approuve.

Actuellement, dans les pays de langue anglaise et de langue française, O. K. connaît donc une certaine vogue. Or, ce terme nous intéresse tout particulièrement puisque, si nous en croyons la tradition, il appartiendrait à la glorieuse famille des mots historiques. Voici l'anecdote.

Andrew Jackson[1], général de l'armée américaine, élu Président des Etats-Unis en 1828, était, à la vérité, un personnage curieux. Soldat à treize ans, il avait pris part, dans l'armée des « Insurgents », à la bataille de Hanging Rock. Tour à tour juriste, officier supérieur, diplomate, homme politique, et, finalement, Président de la République, il avait acquis une expérience multiple. Mais... son orthographe restait toujours détestable. On raconte à ce sujet qu'au cours d'une campagne contre les Anglais, un aide de camp apporta au général Jackson un ordre ,sur lequel celui-ci devait apposer son visa : il s'agissait simplement, en l'occurrence, de mettre avec sa signature, sur le papier, ces deux lettres : « A. C. », abréviation classique de « All correct » — « Certifié exact, tout va bien. »

Jackson n'avait donc à tracer que deux lettres. Il trouva moyen de

1. 1767-1845.

faire, en cette occasion — c'est un record ! — deux fautes d'orthographe... « All correct » se prononce, en effet, « Oll Korrect », et notre général d'écrire ingénument les deux lettres comme il les prononce : « O. K. » ! Le *K* se prononçant « Keh » en anglais, la formule « okeh » était née...

L'état-major du général Jackson ne manqua point, on le devine, de rire sous cape de « l'incorrection » de son chef. Bientôt, par moquerie, toute l'armée américaine abandonna la vieille formule « A. C. », « All correct », pour adopter la nouvelle abréviation « O. K. », qui subsiste encore de nos jours dans l'administration militaire des Etats-Unis, et que le monde des « businessmen », à son tour, a admise dans son langage assez synthétique.

L'histoire est jolie. Trop jolie, peut-être, pour être vraie.

Thèse et antithèse

Dans son ouvrage intitulé *Phrase Origins*[1], M. Alfred H. Holt n'a pas manqué d'étudier avec soin l'expression si populaire. Certes, de l'avis même du savant philologue, le président Andrew Jackson était suffisamment illettré pour commettre la double faute d'orthographe qu'on lui impute. Mais il faut bien constater que nous ne possédons aucun document positif, aucune preuve nous permettant d'attribuer à l'homme d'Etat américain la paternité du fameux O. K. Et il conclut que nous nous trouvons ici devant une fable, assez amusante assurément, mais inventée de toutes pièces.

A l'appui de sa réfutation, M. Holt signale que, d'après Woodrow Wilson, « okeh » serait tout simplement un terme utilisé par la tribu indienne des Choctaws pour dire : « C'est ainsi, et non autrement. » Le mot aurait été ensuite adopté, probablement en raison de son pittoresque et de sa brièveté, par les commerçants yankees installés sur la côte atlantique.

Telle était, en 1936, la position de la question.

Nouvelles recherches, nouvelles discussions

Mais voici que les Américains recommencent à discuter autour de ce mot mystérieux[2]. Et, grâce à l'obligeance de M. Holt, qui a bien voulu me communiquer une partie de la documentation qu'il est en train de réunir, je suis en mesure de tirer les conclusions suivantes :

— Il convient d'accueillir avec la plus grande circonspection les informations de Woodrow Wilson. D'abord, parce que cet auteur est d'une compétence très relative en philologie. Ensuite, parce que, selon toutes probabilités, il se contenta de dénicher sa « révélation » soit dans le *New Standard Dictionary*, soit dans le *Webster*, ouvrages d'un crédit des plus médiocres au point de vue érudition.

— D'ailleurs, O. K. est utilisé depuis à peine un siècle, et les Peaux-

---

1. Editeurs : Thomas Y. Crowell Company, New York.

2. A vrai dire, la discussion s'exerce sur deux chapitres fort distincts : 1° l'origine de l'expression devenue usuelle O.K.; 2° l'origine de la formule écrite « Okeh ». Ce dernier chapitre, assez compliqué d'ailleurs, ne nous intéresse ici que secondairement. Nous croyons savoir que la prochaine édition de *Phrase Origins* apportera de sensibles modifications à l'article consacré à O.K.

Rouges furent repoussés sur l'autre rive du Mississipi en 1832. Or, comment expliquer que les commerçants américains, cantonnés à cette époque-là sur la côte est, aient emprunté une expression à une lointaine tribu de Peaux-Rouges ? L'hypothèse manque de vraisemblance...

— Notons encore qu'il y a une centaine d'années, dans les comptoirs hollandais installés sur le littoral atlantique du nouveau continent, O. K. était employé dans un sens différent de celui d'aujourd'hui. Sur les lettres de change et sur les documents bancaires, on l'utilisait pour dire : « Approuvé pour paiement ». « Je certifie l'exactitude de ces chiffres ». Ce n'est que bien plus tard que O. K. prit le sens général de « J'accepte », « Je me déclare satisfait ».

— O. K. serait-il donc l'abrégé d'une formule commerciale d'origine hollandaise ? Les philologues qui ont étudié ce problème avouent franchement qu'ils n'ont rien découvert sur cette nouvelle piste.

Que pourrons-nous donc conclure, en définitive ?

Un mot sans histoire

En résumé, plus on étudie la question, plus l'origine du mot apparaît enveloppée de mystère. Ni anglais, ni indien, ni hollandais, il ne peut décidément fournir aucun acte de naissance bien authentique. Et comme nous avons affaire, somme toute, à un personnage éminemment respectable quand il s'agit d'un prévenu de la qualité d'Andrew Jackson, général des armées américaines et Président de la grande République, nous ne pouvons vraiment l'accuser, sans preuves formelles, d'une faute d'orthographe si sensationnelle.

Concluons donc, au moins pour le moment, par un non-lieu : *Adhuc sub judice lis est !*

— " J'y suis, j'y reste ! "

Réponse du Maréchal Mac-Mahon à l'officier qui lui transmettait l'ordre de ne pas s'exposer au danger sur la tour de Malakoff.

8 Septembre 1855.

XXI

« J'Y SUIS, J'Y RESTE ! »

L'assaut de la tour Malakoff

Les hostilités étaient ouvertes depuis quelque temps en Crimée, lorsque Mac-Mahon, désigné par Saint-Amand qui le considérait « comme un officier de guerre complet », vint prendre le commandement d'une division du corps Bosquet. Dès la première entrevue qu'il eut avec le grand soldat, Pélissier sut apprécier le collaborateur qu'on lui adjoignait, et, sans plus tarder, il écrivait au maréchal Vaillant : « Avec le général Mac-Mahon, je pourrai tenter *certaine chose* que, franchement, je croyais risquée aujourd'hui. » A cette époque, en effet, notre état-major étudiait la façon d'enlever la redoute de Malakoff dont la chute devait nous rendre maîtres de Sébastopol.

Aussitôt, on confie l'exécution de ce plan périlleux à Mac-Mahon. La veille de l'assaut, Niel lui donne des instructions détaillées, et Bosquet insiste sur l'importance capitale de cette opération. « J'entrerai demain à Malakoff — répond avec calme le général — et soyez certains que je n'en sortirai pas vivant si je n'en déloge pas les Russes. »

Le 8 septembre 1855, Mac-Mahon lance à l'assaut ses colonnes qu'il dirige en personne, se portant sans cesse aux endroits les plus exposés. Sous le feu très meurtrier de l'ennemi, nos troupes, à un moment donné, marquent un arrêt. Mais le chef n'entend pas lâcher pied : il contre-attaque bientôt vigoureusement, et, debout sur une éminence, dirige la manœuvre sans prêter la moindre attention au danger. « Il est impossible d'être plus beau sous le feu ! » s'écrie Pélissier qui, à la lorgnette, suit les péripéties du combat.

Sur ces entrefaites, notre état-major apprend que la Tour de Malakoff a été minée et que les Russes se disposent à la faire sauter si nos troupes s'en emparent. Aussi, s'empresse-t-on de dépêcher un aide de camp auprès de Mac-Mahon pour lui enjoindre d'abandonner les positions et de se replier. C'est alors que, selon une tradition bien connue, Mac-Mahon aurait répondu au messager : « J'y suis, j'y reste ! »

A cinq reprises successives, il reçut, de ses chefs hiérarchiques, le même ordre qui, chaque fois, devenait plus pressant, plus impérieux. Mais on n'eut pas besoin de le lui signifier une sixième fois car, entre temps, il s'était emparé de la fameuse position[1].

Où l'auteur du mot refuse de reconnaître son enfant

Ce mot claironnant, qui résumait fort bien la journée de Malakoff, n'a pas manqué d'enchanter les foules. A dire vrai, il n'enchanta guère le général qui, en toutes circonstances, se refusa à endosser la paternité de la célèbre apostrophe. « Interrogé plus tard — rapporte M. G. Hanotaux — sur l'authenticité de ces paroles, il dit qu'il avait manifesté simplement la résolution de ne pas céder. » A la réflexion, on conviendra qu'un officier peut repousser les propositions de l'ennemi par un vigoureux : « J'y suis, j'y reste ! » ; mais il semble peu délicat de répondre sur ce ton à un supérieur hiérarchique qui vous intime par cinq fois l'ordre de battre en retraite. Autre chose est faire la sourde oreille, autre chose est refuser d'obéir.

D'ailleurs, il n'y a pas à philosopher plus avant, puisque Mac-Mahon a coupé lui-même les ailes à la légende. « Je ne crois pas — affirme-t-il avec sa modestie habituelle — avoir donné à ma pensée cette forme lapidaire : *J'y suis, j'y reste*. Je ne fais jamais de mots. » Sans doute aurions-nous mauvaise grâce à insister. Mais si Mac-Mahon ne « faisait jamais de mots », il dut bien se trouver quelqu'un dans la coulisse pour en fabriquer un à la mesure du héros de Malakoff...

Aujourd'hui, nous connaissons parfaitement l'auteur de ce truquage historique : c'est le marquis de Castellane qui, bien plus tard, se complaira à nous conter les circonstances dans lesquelles il élabora sa mystification.

Où le mystificateur dévoile son truquage

Dans la *Revue hebdomadaire* du 16 mai 1908, le marquis de Castellane, toujours très brillant dans l'anecdote, nous décrit les circonstances fortuites qui, presque malgré lui, l'amenèrent à « fabriquer » ce mot historique.

En novembre 1873, le parti conservateur décidait de demander la prorogation des pouvoirs du général Mac-Mahon, et, à cette occasion, de Castellane se chargea de prononcer à la Chambre le discours qui (on l'espérait bien, du côté monarchiste) emporterait le vote. La veille de la

---

[1]. Il faut croire que cette splendide victoire de Malakoff fit une profonde impression sur... Mac-Mahon lui-même. Car, cinq ans après, au soir de la bataille de Magenta, lorsque Napoléon III le nomma maréchal de France et duc de Magenta, Mac-Mahon lança à sa femme le télégramme suivant : « L'Empereur vient de me nommer duc de Magenta », et, au lieu de signer « Mac Mahon », il signa... « Malakoff ». Cette savoureuse anecdote se trouve rapportée par M. G. Hanotaux dans son *Histoire de France contemporaine*.

séance, l'orateur relut, dans le privé, son morceau d'éloquence. Il s'aperçut, non sans une certaine désillusion, que son exposé politique manquait complètement de relief, et il crut devoir confier à sa femme son impression : « Il me faudrait — lui dit-il — une phrase, un mot à l'emporte-pièce qui corroborât mon argumentation ! » Les deux époux se mirent alors à chercher, dans la vie du glorieux soldat, un trait d'héroïsme digne d'être cité d'une façon particulière. A la fin, la marquise de Castellane se rappela qu'à la Tour de Malakoff Mac-Mahon avait, en quelque sorte, refusé d'obtempérer aux ordres de notre état-major, et que, au risque de sauter avec l'ouvrage, le général était resté sur ses positions...

Le 18 novembre 1873, de Castellane lisait à la tribune de la Chambre un grand discours qu'il terminait par cette péroraison : « Faites aujourd'hui pour la France ce que Mac-Mahon, il y a seize ans, fit pour l'armée. C'était à Malakoff ; le premier, il entre dans la citadelle, elle est minée, elle va l'ensevelir sous ses ruines, n'importe : il se jette sur le télégraphe et il écrit à son chef cette parole sublime dans sa simplicité : *J'y suis, j'y reste !* »

La Chambre tout entière acclamait, debout, l'orateur. Comment résister à certains mots ? Bien entendu, le parti conservateur obtint le vote qu'il désirait : Mac-Mahon était nommé président de la République, tandis que le marquis de Castellane connaissait la gloire réservée aux grands tribuns.

Mais le mystificateur riait sous cape. « Dès le soir, nous confie-t-il, les journaux se chargèrent d'apprendre au monde le mot historique que le maréchal n'avait jamais dit, dont ma femme m'avait suggéré la formule. »

Un témoin inattendu

Mais, peut-être, ne faut-il pas se hâter de formuler un jugement définitif.

Car, six ans *avant* la parution du spirituel article du marquis de Castellane, un ancien officier anglais, sir Mikaël Bidduph, se portait garant de l'authenticité du mot, et assurait sur l'honneur que le général Mac-Mahon, au plus fort du combat, lui avait déclaré à lui-même : « J'y suis, j'y reste ! » Voici dans quelles circonstances le grand public apprit l'existence de ce témoin inattendu.

En janvier 1902, le Musée de l'Armée voyait entrer dans ses collections, grâce à un don généreux, un superbe buste de Mac-Mahon. Naturellement, la presse ne manqua pas, en pareille occasion, de rappeler la phrase héroïque prononcée par le général sur le champ de bataille de Malakoff. Un journaliste[1], plus curieux que ses confrères, décida d'aller interviewer Germain Bapst, érudit très au courant de l'histoire anecdotique du XIXe siècle, et lui demanda si vraiment le fameux mot possédait ses lettres de créance. Bapst répondit d'une façon affirmative et s'empressa de fournir ses preuves qui ne laissent pas d'être assez impressionnantes.

Bapst, à qui on avait signalé en Angleterre l'existence d'un ancien officier de l'armée britannique, survivant de l'assaut donné à Malakoff, parvint à se mettre en rapport avec lui. Et voici la réponse qu'il en reçut :

---

1. Voir l'article paru dans l'*Eclair* à la date du 21 janvier 1902.

Après avoir brossé un rapide tableau de la bataille, Bidduph conte[1] de quelle façon, en pleine action, il se présenta au grand soldat : « Le bruit des balles, la poussière, les morts et les blessés qui s'entassaient, procuraient la plus pénible impression. Une véritable lutte corps à corps s'était engagée entre les Russes et les Français, entourés de toutes parts par le feu des ennemis. Quand j'eus contemplé ce spectacle pendant quelque temps, je m'approchai du général Mac-Mahon et je lui proposai, après lui avoir fait connaître que je faisais partie du quartier général, de me fournir l'occasion de lui être utile en allant prévenir le général en chef anglais de la situation. Le général Mac-Mahon, qui était demeuré d'un calme superbe, répondit à ma demande que tout allait bien. « Vous pouvez dire, ajouta-t-il, au général anglais, que *j'y suis et que j'y reste* ». Je le saluai et je rebroussai chemin pour rejoindre, dans la tranchée, le général Simpson qui se trouvait au quartier général, dit « Chapman's Attack ». Je lui fis un fidèle récit de ce que je venais de voir et je lui répétai exactement les paroles de Mac-Mahon. Voilà comment les faits se sont passés ; je n'ai pas eu, depuis, l'occasion tant désirée de revoir Mac-Mahon. Je n'ai jamais écrit cette anecdote et j'en ai souvent parlé. »

Il convient d'ajouter que Mikaël Bidduph, homme d'une haute probité morale, remplissait, à l'époque où il écrivit cette déposition, les fonctions de Garde des joyaux de la Couronne à la Tour de Londres, et celles de Sergent à la Verge Noire à la Chambre des Lords. En Crimée, Pélissier avait obtenu l'admission de l'officier anglais dans l'ordre de la Légion d'honneur.

Décidément, la question semble se compliquer de plus en plus... Après les affirmations contradictoires de Mac-Mahon, de Bidduph et de Castellane, comment aurons-nous l'audace de rechercher encore la clef de l'énigme !

Confrontation générale

Pourtant, cette énigme, je crois qu'on peut la résoudre.

— Mac-Mahon assure qu'il ne répondit point par cette phrase cavalière : « J'y suis, j'y reste ! » lorsque ses chefs hiérarchiques lui donnèrent l'ordre de se replier devant l'attaque russe. D'ailleurs, un pareil trait semblait assez surprenant, on l'avouera, dans la bouche d'un soldat discipliné, et qui, de son propre aveu, « ne fait jamais de mots ». Sans crainte d'erreur, on doit conclure que cette phrase, lancée d'une façon aussi théâtrale, ne fut jamais dite.

— Par contre, au cours d'une conversation d'ordre privé avec un officier anglais qu'il n'avait jamais vu auparavant, Mac-Mahon a très bien pu employer cette expression familière. Que Bidduph ait pieusement noté les mâles paroles à lui adressées par le héros de Malakoff, nous ne nous en étonnerons pas. Que, par la suite, Mac-Mahon ait complètement oublié la

---

1. La lettre de Mikaël Bidduph est écrite en français.

réponse qu'il adressa, en plein combat, à un officier étranger qu'il ne connaissait pas, nous n'en serons pas davantage surpris.

Mac-Mahon et Bidduph, tout en soutenant des thèses qui, à première vue, paraissent contraires, peuvent donc avoir raison tous les deux.

— Restent les arguments du marquis de Castellane qui ruinent notre hypothèse. Mais on peut bien se demander quelle est la valeur exacte de ces révélations à retardement. Entre la noble déclaration de Bidduph et les scintillantes anecdotes dont le marquis de Castellane émaille l'article paru dans la *Revue hebdomadaire*, on n'hésitera peut-être pas très longtemps...

En fin de compte, la situation se présente, je crois, d'une façon assez nette : Mac-Mahon n'a pas répondu à ses chefs, dans les circonstances épiques que l'on se plaît ordinairement à retracer, par la fameuse phrase que la légende lui attribue. *Donc, le mot est faux.*

Mais si l'on accorde foi (et comment ne pas le faire ?) au récit de Bidduph, tout en mettant, d'autre part, un point d'interrogation sur les allégations un peu suspectes de Castellane, on se trouvera simplement en présence... d'un *demi-truquage* de l'histoire.

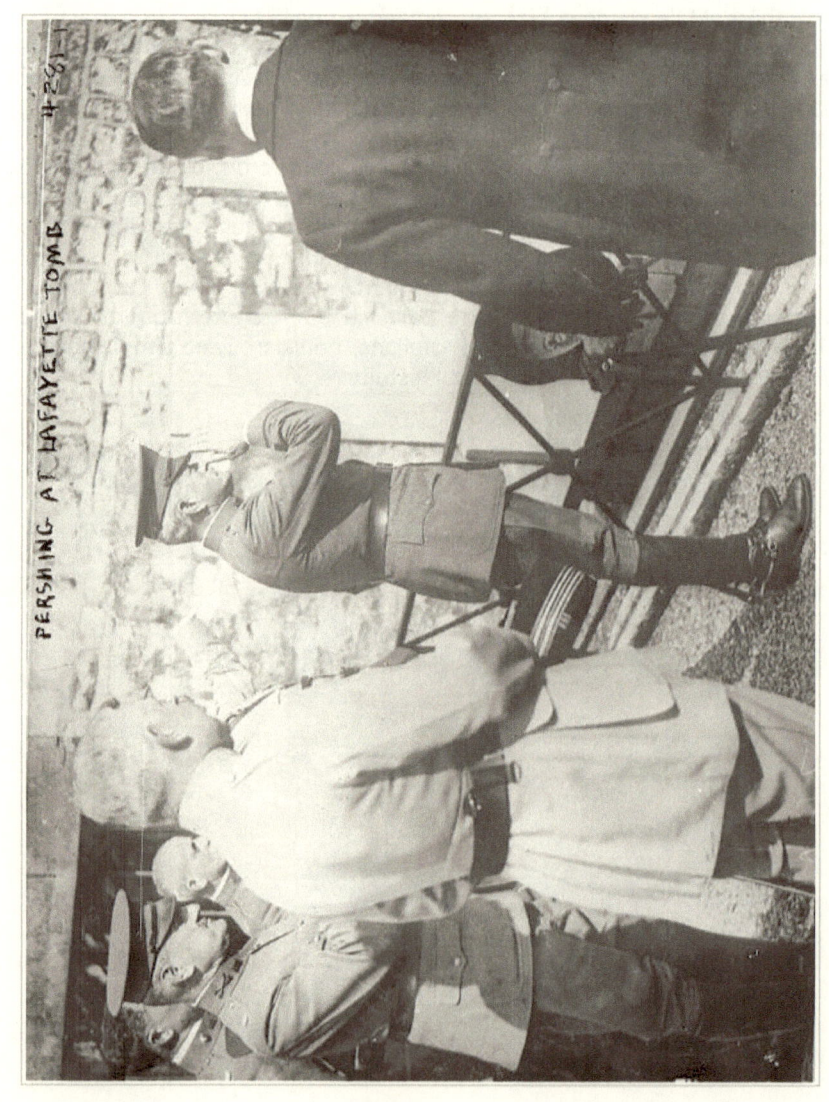

XXII

« LA FAYETTE, NOUS VOICI ! »

Le cimetière de Picpus

Il est, rue de Picpus, non loin de la place de la Nation, un monastère de moniales, entouré de murs élevés et d'un abord un peu mystérieux. Pourtant, si vous sonnez à la porte, on vous ouvrira volontiers et, dès que vous demanderez à vous rendre au « cimetière », on vous conduira aimablement à travers le jardin potager du couvent, jusqu'au fameux enclos des « guillotinés », petit champ herbeux, planté de maigres cyprès, orné d'une grande croix de fer. Ici, vous dira une inscription, furent jetés pêle-mêle mille trois cent quarante victimes du Tribunal révolutionnaire. Le doux poète André Chénier repose dans quelque coin de cette immense fosse, en compagnie des seize Carmélites de Compiègne, qui se rendirent à l'échafaud en chantant, et qui, avant de gravir le fatal escalier menant à la plate-forme, s'inclinèrent respectueusement une à une devant leur supérieure en lui demandant « la permission de mourir ».

Dans son *Journal*, le bourreau Charles-Henry Sanson nous explique comment on se décida à ensevelir les suppliciés dans ce jardin. Au début de la Révolution, les aides de l'exécuteur des hautes œuvres portaient les cadavres des guillotinés au cimetière de la Madeleine, à l'endroit même où s'élève aujourd'hui la chapelle expiatoire du boulevard Haussmann. Mais les bourgeois du quartier se plaignant des émanations dégagées par ce charnier, on enterra alors les suppliciés à Monceau. Ce fut au tour des gens des Batignolles de protester. Et, lorsque, pendant la période qui suivit, la guillotine quitta la place de la Révolution[1] pour aller s'installer

---

1. Actuellement, place de la Concorde.

place du Trône[2] — place du Trône-Renversé comme on disait dans le langage du temps — il fallut bien chercher, dans le voisinage, un terrain vague pour y faire disparaître, chaque soir, les charretées de cadavres. « Après bien des hésitations et des tâtonnements — poursuit Sanson — la Commune a désigné un emplacement spécial pour recevoir les cadavres des suppliciés : c'est le jardin de l'ancien couvent des Chanoinesses de Picpus. On a creusé une fosse longue et large, comme celles que l'on creuse sur les champs de bataille. Ceux d'aujourd'hui vont commencer à la combler. L'endroit me paraît mal choisi ; le sol est composé d'argile pure, ils auront beau vider des tombereaux de chaux sur les pauvres corps, la terre n'absorbera rien, elle rendra tout ; elle n'en voudra pas plus que n'en voudront les citoyens. Dieu merci ! ma triste besogne finit à l'échafaud. La Commune paye quatre corbeaux qui reçoivent les corps de mes aides et les transportent à leur tombe. Desmorets, mon premier aide, les accompagne, pour présider au dépouillement avec le greffier et signer le procès-verbal. L'argent, les bijoux trouvés sur les suppliciés sont portés à la Commune ; les habits et les vêtements de toute espèce sont envoyés aux hospices. »

Il nous serait aujourd'hui bien difficile de connaître l'endroit exact où furent ensevelies ces victimes de la Terreur, si, le 10 juillet 1794, une pauvre fille, Mlle Pâris, n'avait suivi de loin, en se dissimulant de son mieux, le tombereau qui emportait, avec de nombreux cadavres, la dépouille de son vieux père, condamné à mort pour avoir servi comme palefrenier dans les écuries du comte de Brissac. La sinistre voiture franchit, à la nuit, la barrière, tourna à droite, s'arrêta enfin devant une brèche pratiquée dans le mur : Mlle Pâris nota que, par ce trou, on jetait les corps qui tombaient dans une large excavation de trente pieds carrés, et, avant de se retirer, elle remarqua que ce cimetière improvisé touchait à l'ancien couvent des Augustins.

Lorsque, après Thermidor, la pauvre fille voulut revenir sur la fosse commune, elle trouva la brèche murée. Mais, en contournant la barrière de Saint-Mandé et en passant par les monastères alors abandonnés, elle arriva à l'enclos, déjà couvert d'une herbe drue. Je n'ai pas à expliquer ici comment Mlle Pâris, qui gagnait misérablement sa vie à raccommoder des dentelles, connut, par la suite, Mme de Montagu et Mme de La Fayette, à qui elle révéla son secret. Les deux sœurs, émues à la pensée de savoir qu'un si grand nombre de victimes reposaient là, dans ce terrain abandonné, sans une croix, sans un monument, sans une prière, décidèrent d'acheter le jardin. Mais il fallait agir avec prudence, car Napoléon n'aimait guère que l'on s'intéressât aux victimes de la Révolution. En 1802, on put cependant acquérir les ruines du couvent des Augustins. On édifia aussitôt une église, puis un nouveau monastère et on entoura d'un petit mur le « champ des martyrs », auquel il ne fut jamais apporté la moindre modification.

Désirant dormir de leur dernier sommeil à côté des leurs, les familles dont les parents avaient été guillotinés place du Trône-Renversé obtinrent la permission de faire édifier leurs caveaux dans un terrain attenant.

---

2. Actuellement, place de la Nation.

C'est ainsi qu'aujourd'hui, avant d'arriver à la grande fosse commune, vous passerez par un cimetière dont les pierres tombales vous diront les noms de tout l'armorial de France. Vous déchiffrerez ainsi les épitaphes de l'illustre orateur Charles de Montalembert, des d'Arcy, des Quélen, des Noailles, des Lastery, des Rémusat, de la duchesse de Berry. Tout au fond, à droite et touchant le petit mur du « champ des martyrs », vous apercevrez la tombe du général marquis de La Fayette, reconnaissable de loin, car au-dessus de la dalle grise se dresse toujours le drapeau étoilé des Etats-Unis — touchant hommage au soldat qui, en 1777, passa l'Océan pour aider les « insurgents » d'Amérique à conquérir leur liberté.

« La Fayette, nous voici ! »

Tandis qu'en France le cimetière de Picpus reste à peu près ignoré du grand public, en Amérique on en parle avec enthousiasme et on le vénère d'une façon particulière. Non point, il faut bien le dire, en raison des souvenirs révolutionnaires qu'il peut évoquer, mais simplement parce que, au bout de l'allée des tombeaux, on lit sur certaine dalle de pierre le nom du marquis de La Fayette.

En 1917, les Etats-Unis se rangeaient aux côtés des Alliés et, dès le printemps, les soldats américains commençaient à débarquer sur notre sol. Nous ne saurions nous étonner si les chefs de ce premier corps expéditionnaire manifestèrent le désir de venir, avant tout, s'incliner devant la sépulture de La Fayette, l'ami et le compagnon d'armes de Georges Washington. On conte à ce sujet que le général Pershing, en descendant du bateau, voulut rallier Paris au plus vite. En sortant de la gare, il sauta dans une auto, déclina, pour l'instant, toute réception officielle, et se rendit, en compagnie de quelques jeunes officiers, tout droit au cimetière de Picpus. Là, saluant militairement la tombe du grand soldat, Pershing aurait prononcé ces simples paroles, devenues bientôt célèbres : « *La Fayette, we are here !* » — « La Fayette, nous voici ! »

Promenade instructive à travers les textes

Or, on le sait aujourd'hui, la phrase « La Fayette, nous voici ! » fut prononcée au cimetière de Picpus, le 4 juillet 1917, non point par le général Pershing, mais par le colonel Charles E. Stanton : tel est le renseignement assez bref, mais fort précieux, que nous fournit M. Othon Guerlac[1].

En vain, ai-je cherché des explications plus détaillées dans d'autres ouvrages français, sur l'origine de ce mot. Voulant en avoir le cœur net, j'ai mis à contribution quelques amis américains qui voulurent bien procéder pour moi, outre-Atlantique, à de délicates recherches dont je suis heureux de pouvoir reproduire ci-après les conclusions.

Le 4 juillet 1917, jour de l' « Independance Day », fête nationale des Etats-Unis d'Amérique, Pershing, entouré de hautes personnalités militaires, se trouve à Picpus, devant la tombe de La Fayette, et, comme il se

---

1. *Les citations françaises.*

doit, prononce un discours. Voici le principal passage de l'allocution qui fut reproduite par *New York Herald Tribune*[1] : « Il est frappant de constater que l'entrée des troupes américaines dans cette guerre nous permet justement de rendre hommage au grand patriote qui partit de France pour venir nous aider à conquérir notre liberté. Aujourd'hui, les Etats-Unis entrent vraiment dans la lutte. Nos troupes ont réellement apparu en Europe, et nous sommes ici soutenus par l'espoir que nous saurons accomplir notre tâche, qui consiste à établir, pour nous et nos descendants, une ère de liberté éternelle. »

Discours, on le voit, composé de lieux communs de circonstance, assurément, mais sans originalité bien marquée. Et nous chercherions en vain, dans les autres parties de l'allocution, le fameux mot : « La Fayette, nous voici ! »

Mais comme la légende prit corps de bonne heure, on comprend que certains esprits curieux aient désiré en contrôler la véracité. Rien n'était plus facile : il n'y avait qu'à interviewer à ce sujet le général Pershing. C'est ainsi que, le 31 octobre 1919, nous voyons le *Home Sector* faire une allusion directe à la conversation d'un journaliste et du général américain, conversation au cours de laquelle Pershing mit les choses au point[2] : « Hudson Hawley a rapporté les faits suivants. Il est important de noter que le général Pershing n'a jamais dit : « La Fayette, nous voilà ! », pas plus qu'il n'a prononcé cette phrase : « Tout ce qui est à nous est à vous », qu'on lui prête, lorsqu'il aurait fait son offre mémorable au maréchal Foch. Mais il a dit : « L'Allemagne peut être battue, l'Allemagne doit être battue, l'Allemagne sera battue. Et cela — ajouta en riant le général — c'est à peu près la seule chose qui m'ait été attribuée à bon droit. » L'auteur du fameux discours du cimetière de Picpus a été identifié sans erreur possible par un témoin oculaire, Heywood Broun, qui par la suite a consigné ces détails dans son livre intitulé *A. E. F.*[3] »

Il s'agit donc, maintenant, d'interroger à notre tour cet auteur. De fait, à la page 35 de son ouvrage, nous trouvons bien, résumé en quelques lignes, le récit de celui qui, le 4 juillet 1917, entendit de ses oreilles la phrase du colonel Stanton. Je traduis : « Mais le discours qui causa l'impression la plus profonde fut le plus court. Le colonel Stanton se présenta devant la tombe de La Fayette. Il fit un geste rapide, net, et assez large cependant pour y enfermer les plus jeunes recrues de l'Alabama, du Texas, du Maine, de

---

1. « *It seems fitting that the entrance of our troops into this war should be made an occasion to celebrate or to commemorate the memory of the great patriot who set out from France to obtain our liberty. Today really marks the entrance of the United States in this war. Our troops have really appeared and we are here hoping that we may be able to do our share in the establishing of a liberty and a freedom that we and our posterity may enjoy for ever.* »

2. « *Reporting an interview with General Pershing in Home Sector. oct. 31-1919, Hudson Hawley wrote* : « *It is worth noting that the General never did actually utter* « *Lafayette, nous voilà* ». *Neither did he say* : « *All that we have is yours* », *in just those words though he made his famous offer to Maréchal Foch right enough. But he did say* : « *Germany can he beaten, Germany must he beaten, Germany will be beaten* ». « *And that* », *he says, laughingly,* « *is about the only thing that I've been credited with saying I ever really did say* ». *The authorship of the Picpus Cemetery speech is also correctly attributed by an eye and ear witness, Heywood Broun, in his book. A.E.F. J.T.W.* »

3. Abréviation pour « American Expeditionary Forces ».

l'Ohio, et des autres territoires, et il dit : « *Lafayette, we're here*[1] » — « La Fayette, nous voici ! »

On se doute bien que l'anecdote devait, encore quelque temps, occuper la chronique, curieuse de détails anecdotiques. Aussi, voyons-nous, à la date du 21 janvier 1921, le *New York Evening Post* reprendre entièrement la question : « Le périodique *American Legion Weekly* du 31 décembre 1920 écrit : Ce fut le colonel Stanton qui, le 4 juillet 1917, au cimetière de Picpus, près de (sic) Paris, s'arrêta pour placer une couronne sur la tombe d'un noble soldat de France, et l'officier américain prononça, à cette occasion, le plus beau discours qui ait jamais été fait, un discours qui est allé droit au cœur des deux Républiques, un discours de quatre mots seulement : « *Lafayette, we are here*[2] » — « La Fayette, nous voici ! »

D'ailleurs, comme pour lever nos dernières hésitations, — s'il en restait — le général Pershing, dans son ouvrage *My Experiences*, met le point final aux discussions : « Ce fut à cette occasion-là et à cet endroit même (cimetière de Picpus) que vit le jour une phrase, véritablement inspirée : « La Fayette, nous voici ! » Beaucoup d'auteurs ont voulu m'attribuer ce mot, et de fait, j'aurais bien voulu en être l'auteur. Mais je ne garde pas le souvenir d'avoir rien dit d'aussi beau. Je suis certain que ces mots ont été prononcés par le colonel Stanton, et c'est à lui que revient l'honneur d'avoir créé une phrase aussi bien venue, aussi heureuse[3]. »

Ainsi donc, le circuit est fermé : l'Histoire s'était d'abord transformée en demi-légende, mais la légende est redevenue de l'Histoire.

Tout est bien qui finit bien.

---

1. « *But the speech which left the deepest impression was the shortest of all. Col. Stanton stood before tomb of Lafayette and made a quick, sharp gesture which was broad enough to include the youngsters from Alabama, Texas, Maine, Ohio and the reste :* Lafayette, we're here ! *he said.* »
2. *New-York Evening Post*, 21 janvier 1921. *The American Legion Weekly* of december 31, 1920, says : « *It was Colonel Stanton who at the Cemetery Picpus near Paris on the 4 th of july 1917 stopped to place a wreath on the tomb of a noble soldier of France and made one of the greatest speeches ever uttered. A speech that two republics have got by heart. It contains only four words :* Lafayette, we are here ».
3. *My Experiences*, by J.-J. Pershing, page 93. « *It was on this occasion and upon this spot (Picpus Cemetery) that utterance was given to an expression that could have been born only of inspiration.* Lafayette, we are here. *Many have attributed this to me and I have often wished that it could have been mine ; but I have no recollection of saying anything so splendid. I am sure that those words were spoken by Colonel Stanton and to him must go the credit for creating so happy and felicitous a phrase.* »

TABLE DES MATIÈRES

Tu as vaincu, Galiléen ! 17
Tuez-les tous, Dieu reconnaîtra les siens ! 25
Hon(n)i soit qui mal y pense 33
Souvent femme varie 41
Paris vaut bien une messe 45
Et pourtant, elle tourne ! 51
L'Etat, c'est moi ! 57
Il n'y a plus de Pyrénées 63
J'ai failli attendre ! 71
Messieurs les Anglais, tirez les premiers ! 75
A moi, d'Auvergne ! Voilà l'ennemi ! 81
La France, ton café f... le camp ! 89
Allez dire à votre maître que nous sommes ici par la volonté
du peuple, et que nous n'en sortirons que par
la force des baïonnettes ! 93
Fils de saint Louis, montez- au ciel ! 103
La République n'a pas besoin de chimistes 111
Rien n'est changé en France, il n'y a qu'un Français de plus 121
Soldats, du haut de ces pyramides,
quarante siècles vous contemplent ! 127
Commediante ! Tragediante ! 135
Le mot de Cambronne 141
O.K. 153
J'y suis, j'y reste ! 157
La Fayette, nous voici ! 163

Dépot légal : juin 2012
ISBN 978-2-3672200-0-0

www.ingramcontent.com/pod-product-compliance
Lightning Source LLC
Chambersburg PA
CBHW022011160426
43197CB00007B/389